# Seduzione 5.0

John Danen

Published by Jonh Danen, 2023.

While every precaution has been taken in the preparation of this book, the publisher assumes no responsibility for errors or omissions, or for damages resulting from the use of the information contained herein.

SEDUZIONE 5.0

**First edition. January 2, 2023.**

Copyright © 2023 John Danen.

ISBN: 979-8215432945

Written by John Danen.

# Sommario

# Proprietà intellettuale

Questo lavoro "Seduzione 5.0. Gli ultimi uomini che seducono alla fine dei giorni" è registrato nel registro della proprietà intellettuale del Ministero della Cultura e dello Sport. Numero di domanda SC-95-2019. Qualsiasi forma di distribuzione, comunicazione pubblica o trasformazione può essere effettuata solo con l'autorizzazione del titolare, salvo diversa disposizione di legge.

# Contatto.

Se volete farmi delle domande, pormi dei dubbi o ricevere dei consigli sulla seduzione, vi offro questo servizio di seduction coach. Offro anche corsi. Potete contattarmi attraverso questi link.

Seguitemi su:

La seduzione di John Danen - YouTube[1]

John Danen seduzione | Gruppi | Facebook[2]

@johndanenseduccion - Foto e video da Instagram[3]

---

1.     https://www.youtube.com/channel/UCUOsfiulxHrzWkdjkx6scJg

2.     https://www.facebook.com/groups/820841794942141

3.     https://www.instagram.com/johndanenseduccion/

# Ringraziamenti.

Ai grandi maestri: mio zio Mochi, Alejandro, Filippo l'Onnipotente.

A tutti gli insegnanti con cui sono andato occasionalmente: Guillermo, Pedro, Moncho il rocker, David il "maestro del cazzo".

Ad altri colleghi come Christian, Willy, Antonio, Zio David, Pepe, Juanillo, Zidane.

A tutti coloro che hanno "lavorato" con me e che non ricordo più bene.

A tutti coloro che mi hanno stimato tanto e ai quali sono stato fonte di ispirazione: Borja, Jordi, che ha saputo essere un maestro, Fausto, Carlos, Palacios, Fabricio, Fernando, Tio Roberto.

Grazie ai miei detrattori per avermi reso più forte.

E naturalmente.

A tutte le donne!

Soprattutto quelli che:

Più mi apprezzavano.

Più mi amavano.

E più soffrivo.

# Informazioni sull'autore.

Sono un uomo nato a Madrid nel 1970. Mi considero un edonista. Divertirmi è sempre stato il mio obiettivo. Mi considero anche un arrapato mentale.

Ho imparato questa abilità nei suoi rudimenti in una località estiva del Mediterraneo. Dal 1980 al 1994 circa. La mia preoccupazione e occupazione era prima di tutto imparare a flirtare, poi a flirtare e infine a migliorare le mie capacità. Lì ho imparato, insieme ad altri colleghi, in un ambiente competitivo dove solo i forti riuscivano a colpire. Sempre a rialzarmi. Era un luogo molto duro e crudele e molti sono rimasti psicologicamente segnati. Ogni sera dovevi vedere come decine di ragazzi ci provavano con te sotto il tuo naso. Si trattava di uccidere o essere uccisi.

È stato in una capitale del nord della Spagna, dove vivo, che ho applicato con successo ciò che ho imparato. Nel corso degli anni ho continuato a imparare sempre di più. Non smetto mai di guardare nuove tecniche e nuovi insegnanti, imparo da tutto.

Aggiungerei anche che:

Non ho mai rimorchiato una ragazza in vita mia. Sono stati loro a scegliere me. Non si sceglie, si nasce con il desiderio di donne e feste. Pertanto, è necessario soddisfare queste esigenze. Ogni ragazza con cui sono stato ha avuto molte esperienze, molte avventure e sensazioni che a volte sono durate diversi anni. Tra il XX e il XXI secolo sono esistito facendo quello che mi piace, sedurre le donne. Spero che questo libro venga ricordato e serva da ispirazione per le persone del futuro.

Non ho ingannato nessuno di loro, perché sono stato fedele. Fedele a me stesso. Ho obbedito all'istinto e al richiamo naturale della vita. Ho fatto quello che ogni uomo deve fare. Senza chiedere il permesso, senza scusarmi, ho preso ciò che era mio. Perché la vita ha voluto così. Di fronte alla monogamia, la sfrontatezza. Di fronte alle convenzioni, le avventure.

Le donne? Credo che, tranne in rare occasioni, non abbiano sofferto per le mie avventure. Anzi, mi preferiscono così come sono. Perché **nulla resiste all'affascinante furfante**.

Mi pento solo, e molto profondamente, di non essermi dedicato molto di più. Mi rammarico di aver sviluppato una frazione del potenziale, ovvero al massimo il 33% di quello che avrei potuto fare. E mi scuso con tutti coloro che non ho incontrato e non ho potuto rendere la loro vita più luminosa. Per non uscire, non entrare o non vederli. Tuttavia, sono molto orgoglioso dei miei risultati.

# Introduzione: Perché questo titolo?

Ho chiamato questo libro "Seduzione 5.0". Gli ultimi uomini. Sedurre. Alla fine dei giorni.

5.0 per quanto segue. È iniziato negli anni '80. Quindi, ci sono stati questi aggiornamenti.

Gli anni '80. Seduzione 1.0.

Gli anni '90. Seduzione 2.0.

Gli anni '00. Seduzione 3.0.

Gli anni '10. Seduzione 4.0.

E infine, per questo nuovo decennio, gli anni '20. **Seduzione 5.0**, completamente rivisto e aggiornato. Il frutto di decenni di esperienza.

**"Gli ultimi uomini"**. Perché intendono demascolinizzarli con la pressione mediatica, legale, politica e sociale. Ci proveranno, ma non ci riusciranno. Perché qui siamo "gli ultimi uomini".

**Sedurre**. Praticare quest'arte immortale. Quando vogliono vietare il flirt. Quando è disapprovato. Quando vogliono sradicarci. Raddoppieremo i nostri sforzi. Sedurremo. Qualunque cosa possa sembrare loro.

**"Alla fine dei giorni"** Quando è disapprovato essere un uomo, quando fa paura avvicinarsi a una donna perché potrebbe accusarci di molestie. Quando non abbiamo più diritti e siamo sottovalutati, discriminati, perseguitati. Ora più che mai dobbiamo farci valere e combattere, alla fine dei giorni.

Noi vinceremo! Noi, gli ultimi uomini, vinceremo, alla fine dei giorni. Con la nostra attività costruiremo tempi migliori.

# Il contenuto del libro.

Questo non è un libro per imparare a flirtare. Questo libro è per chi già flirta e vuole salire di livello. Diventare un maestro. Pertanto, ciò che viene raccontato qui può sembrare inconcepibile per il neofita. Tuttavia, sono realtà quotidiane per il maestro.

Voglio che il libro sia breve e conciso, che tratti le basi, senza impantanarsi in fronzoli come: teorie o processi evolutivi, con fasi complicate di come sedurre. Sarò semplice e diretto. Non 400 pagine che trattano di tutta la seduzione. E decine di questioni accessorie. Per me, questi problemi sono una pula. Sono libri scoraggianti, in cui è difficile trovare l'essenza.

Per questo non dovrete leggere molte pagine, grazie a Dio. Ma vi assicuro che ogni frase qui riportata è una frase che vi aiuterà a sedurre le ragazze che vi piacciono, in modo diretto ed efficace.

Dopo una vita intera dedicata a questo argomento (ho iniziato nel 1983). Credo di poter trasmettere qualcosa alle persone interessate alla seduzione. Per questo ho deciso di rendere pubbliche le cose che so. Per contribuire con il mio umile granello di sabbia ad aiutare gli uomini eterosessuali ad ottenere ciò che più gli interessa, le ragazze.

Non è un libro per tutti, né politicamente corretto. Attualmente viviamo in tempi difficili per gli uomini. È disapprovato essere virili. È disapprovato il desiderio di fare sesso senza impegno. L'aspetto esteriore è disapprovato. Si incoraggia l'opposto, essere gay, essere asessuali e ci sono persino campagne per la de-mascolinizzazione degli uomini. Qui non ci si de-mascolinizza!

Siamo uomini e siamo orgogliosi di ciò che siamo. **Gli ultimi uomini**.

Non mi interessano gli omosessuali o gli asessuali o altro. Anzi, voglio che sia incoraggiato. In questo modo tocchiamo più persone. Mi occupo dei miei affari e aiuto coloro che hanno interessi simili ai miei. Senza disturbare nessuno. Rispettare tutti.

I valori che trasmetto. Sono i "miei valori". Se non vi piacciono, non leggeteli. Deve esserci ancora una certa libertà di espressione. È un libro fatto da una prospettiva maschile, per chi vuole avere relazioni senza impegno. Mi sembra che abbiamo il diritto di rivendicarlo e, così come vengono rispettate le altre sessualità, spero che anche questa venga rispettata.

# Parte I
# Il dolore

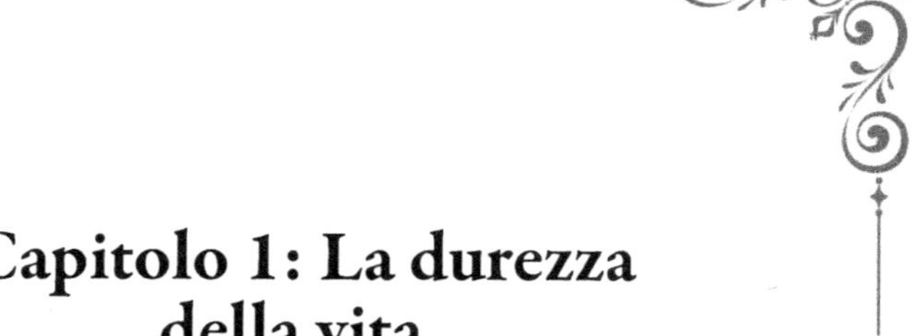

# Capitolo 1: La durezza della vita.

Questo capitolo è un omaggio a tutti coloro che ci hanno provato e non ci sono riusciti, o che non ci hanno nemmeno provato e hanno rinunciato.

Ora conducono una vita miserabile. Nessuna fidanzata, nessun amante, nessuna vita sessuale. Molti sono stati disturbati, alcuni sono stati ricoverati in ospedale, altri sono in trattamento psicologico. Tutto per avere una vita sentimentale e sessuale infelice.

E io dico che ciò che distrugge maggiormente l'autostima e la sicurezza di una persona è il fatto di non avere una sana vita sessuale e amorosa.

Alcuni si sono addirittura suicidati, altri sono ancora lì, in attesa di un miracolo che, se non fanno la loro parte, non avverrà mai. È difficile, è brutale. La vita non ha pietà per i deboli. Sono uomini sconfortati.

È lo stesso per loro? No. Sono sempre richiesti, qualunque cosa siano. Quindi, non credo. Per questo dobbiamo essere molto forti e lottare per raggiungere i nostri obiettivi.

- Per noi.
- Per loro.

Da qui, ricordo e rendo omaggio a tutti questi poveri uomini che sono caduti e dico loro, se sono ancora vivi e in buona fede, coraggio!

Tutto è possibile se si crede di poterlo fare.

# Capitolo 2: Gli orsacchiotti.

Ci sono molti uomini poveri che sono l'antitesi del seduttore. Conducono una vita pietosa e infelice. Sono il risultato della loro cattiva gestione sessuale e amorosa e dei loro valori ridicoli. Sto parlando del punto più basso in cui si può cadere. Sono i pagafanta, i frustrati, i blandengues. Io li chiamo gli orsacchiotti.

- Si innamorano.
- Diventano ossessionati.
- Diventano amici inseparabili.
- Non hanno il coraggio di dirgli che gli piace.
- Li tormenta con le sue confessioni e le sue avventure.

Le vedono come donne, come un'amica qualsiasi. Totalmente privo di pene e testosterone. Sono i continuatori dei cavalieri medievali.

Sono sempre lì, a sostenerla, a valorizzarla, a metterla su un piedistallo. Lei lo sa e li massacra, senza la minima pietà. Non avrà mai a che fare con un ragazzo bisognoso e dipendente, l'antitesi del seduttore. Li insegue e basta.

Ma è colpa loro, per la loro ridicola infatuazione, per la loro mancanza di virilità, per il loro romanticismo, per la loro mancanza di autostima.

Alcuni finiscono per soffrire di crisi d'ansia o per essere accusati di bullismo, a ragione. Per loro non ha funzionato e non funzionerà mai. E insistono nel continuare su questa strada.

Hanno quello che si meritano. Una donna è come un cavallo. Se la lasciate libera, da sola, soddisfacendo tutte le sue richieste, vi smonterà e vi getterà a terra. Può anche prenderti a calci. Ecco cosa fanno. Noi seduttori riusciamo a controllarla. E questo controllo viene effettuato con i valori e i principi qui delineati. Particolarmente importanti sono i valori della tenacia e del rispetto.

Non c'è niente di peggio che essere un orsacchiotto che non mangia nulla.

# Capitolo 3: I ragazzi formali.

S i presentano come formali e responsabili. Sono alla ricerca di una relazione seria. Sono gentili e cortesi. Desiderano letteralmente una fidanzata. Non aspirano a molto, se è simpatica o una brava ragazza è sufficiente. Non si apprezzano troppo. Temono le ragazze e l'imbarazzo del fallimento. Non ci provano più. Non pensano di valerne la pena. Di tanto in tanto, raccolgono le forze e ci provano con poca fede. Le loro opzioni sono limitate. Il lavoro, il gruppo di amici, le persone del quartiere, internet e poco altro.

La maggior parte di loro ci prova su Internet, protetta dalla distanza e dalla comodità. Se chattano con qualcuno, sono super disposti ad andare fino in fondo per incontrarsi. Anche senza vederla in faccia. Lì vanno al loro appuntamento, spendendo tempo e denaro. Incontrare una ragazza, generalmente brutta e con poco o nessun carisma.

I loro appuntamenti sono brevi e frustranti. Lei è molto peggiore fisicamente di quanto immaginassero e non li tratta nemmeno molto bene. Sono numeri nel suo casting. Insistono nell'invitarla per ottenere la sua approvazione. Non va oltre. Niente più appuntamenti, niente più baci e, naturalmente, niente più sesso. Dopo un po', si accorgono che lei li ha bloccati. Non succede nulla. Passiamo a un altro. Un altro tentativo, e così via. Alcune persone odiano le ragazze. Altri, stranamente, li mettono su un piedistallo. Questi ultimi sono i più abbondanti.

Sono eterni ottimisti, che vedono ogni interazione negativa come un bene. Pensano di essere sulla strada giusta. Si accontentano di avere un amico o di parlare con un amico ogni tanto. Non fanno richieste a se stessi. Tutto è buono, tutto si somma. Il successo arriverà.

Ma il successo non arriva alle persone tiepide e deboli di sangue. Non hanno una forte determinazione e una vera dedizione.

E così gli anni passano. Per la loro gioia, finalmente ottengono la tanto desiderata sposa. Di solito vengono scelti da qualcuno nel loro ambiente, il cui orologio biologico sta ticchettando. L'accettano automaticamente con gioia e così hanno finalmente il loro sospirato rapporto formale.

Il matrimonio in comunione dei beni, dei figli e di tutto ciò che desidera le sarà concesso senza indugio. Poi parleranno ai quattro venti di quanto stanno bene e di quanto sono felici. Questo matrimonio si romperà, il più delle volte. Perché si stancherà di avere un uomo senza carattere e senza personalità. Saranno molto tristi, ma a poco a poco si riprenderanno. Perdono volentieri una parte importante del loro patrimonio. Per amore e perché sono dei gentiluomini. Forse questa rottura, il vedersi di nuovo soli, darà loro forza. Un impulso a conquistare un'altra ragazza. Un'altra relazione seria e formale.

Molti lo capiscono e tornano a commettere gli stessi errori. Non riconoscono alcun errore. Sempre soddisfatti, sempre impegnati. L'impegno nell'amore.

Sono come strumenti musicali dove ogni ragazza va a suonare quello che vuole. Non hanno una musica propria. Sono gentili. Si sono lasciati massacrare senza condizioni.

Quando si parla con loro, ci si rende conto che non sono usciti, non hanno viaggiato, non si sono divertiti e naturalmente non hanno avuto nemmeno una minima parte delle relazioni che avete avuto voi; dicono di sentirsi bene e soddisfatti perché si sono divertiti "in modo diverso".

La formalità è stata inculcata in loro. È il loro modo di vivere e lo rispetto.

Il grande merito che riconosco loro è quello di essersi sacrificati per i loro figli e la loro famiglia. Auguro loro buona fortuna e che si divertano un po', come meritano. Sinceramente, preferisco il mio stile di vita.

# Capitolo 4: Cattive compagnie.

È molto duro vedere i propri sforzi rovinati, perché si è male accompagnati. Ed è colpa vostra se è così. Bisogna evitare le cattive compagnie. Questo è molto importante. È brutto essere accompagnati da ragazzi con poca fede, o di cattiva compagnia, che spaventano le ragazze. Non potete permettervi di essere in cattiva compagnia. È meglio andare con persone migliori di voi, anche se flirtano più di voi e vi sentite inferiori. Ci saranno sempre ragazze che ti vogliono, tra tutte quelle che incontrerai. Devi migliorare te stesso, fuori ci sono cattive compagnie! Non mettete ostacoli sulla vostra strada.

Se non avete aziende di qualità che lavorano in gruppo (perché altrimenti non contribuiscono molto), è meglio andare da soli. Le ragazze lo apprezzano, vi vedono come un ragazzo coraggioso, determinato e sicuro di sé, e spesso vengono loro stesse a parlarvi.

Ha anche il vantaggio di non dover spiegare a nessuno dove si sta andando. Ti costringi a lavorare molto di più, perché sei solo e annoiato e questo ti spinge a dare il massimo. Non sprecate il vostro tempo con ragazzi noiosi che frequentano luoghi inappropriati. Ragazzi con conversazioni insignificanti che vi distraggono e vi rendono invisibili. Siate intelligenti.

Spesso le persone hanno paura delle ragazze, hanno paura di interagire e sono insicure. Se vai con persone del genere, ti trasmetteranno queste insicurezze in modo subliminale. Attraverso il linguaggio del corpo. Vi trascineranno nel loro mondo. Non permetteteglielo. Se notate una di queste timidezze, evitate queste persone.

Le cattive aziende vanno dove c'è poco mercato. Evitano le possibilità di esibirsi. Vanno dove c'è poca atmosfera, poca gente e poche ragazze. Dove si sentono a proprio agio. Nella loro zona di comfort. Senza belle ragazze da tormentare, per averle viste e non aver osato parlare con loro. Inoltre, si impegnano in conversazioni improduttive e di lunga durata. Non interagiscono con le ragazze o, quando lo fanno, è solo per mettere i piedi in bocca con volgarità. Parlano male delle donne, trasudano frustrazione. Un vero seduttore parla sempre bene delle donne.

Non puoi andare con persone che, mentre tu ti scopavi una bella ragazza, loro si sono resi ridicoli, scegliendo una ragazza brutta, che li guardava dall'alto in basso. Bisogna seguire il proprio livello. Come nel paddle tennis.

Rimandano tutto a un domani che non arriva mai. Dicono di voler raggiungere degli obiettivi e quando arriva il momento non fanno nulla. Codardi, lasciano perdere per un altro giorno. Persone che dicono e non fanno. Persone che si sabotano da sole. Vigliacchi, che non hanno il carattere per combattere. Persone che raccontano miserie. Miserie che essi stessi creano e di cui si giustificano. Macchiano la vostra vita diffondendo le loro disgrazie. Vi rendono parte di un mondo miserabile, che non vi appartiene affatto. Queste persone vi screditano. Sono tossici. Non miglioreranno nulla, per quanto cerchiate di aiutarli, e vi danneggeranno.

Altri personaggi vomitevoli sono gli invidiosi. L'invidia è la loro dichiarazione di inferiorità. Molti vengono travestiti da amici. Non date loro nulla, giustiziateli all'istante. Se li assecondate, saliranno nella scala dell'invidia. Questa è la scala.

1. Eliminano il calore dei vostri successi.
2. Denigrano fortemente i vostri successi.
3. Criticano il vostro comportamento.

4.  Vi criticano.
5.  Vi attaccano pubblicamente.
6.  Sono i vostri detrattori.

Se diventano detrattori, significa che la loro autostima è stata schiacciata. Sono ossessionati e con una grande consapevolezza di sé di fronte a voi. Congratulazioni. Se ci sono detrattori, significa che state ottenendo ottimi risultati.

Eliminateli tutti, senza pietà! Il **vostro splendore** deve essere pulito da questa feccia.

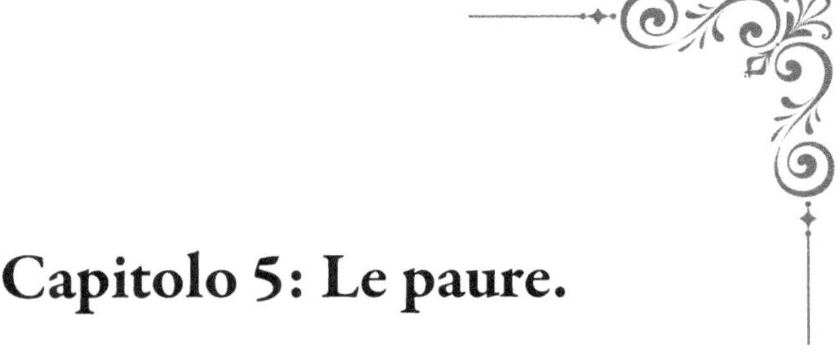

# Capitolo 5: Le paure.

Avere paura è normale, ci si espone. Ciò che non dovete permettere è che la valutazione di voi stessi dipenda da valutazioni esterne. Avete paura di entrare, avete paura di essere rifiutati, avete paura di rendervi ridicoli. Congratulazioni. Vi state mettendo a disagio e il disagio vi fa progredire. C'è solo un modo per affrontare le proprie paure: superarle!

Potete eccellere anche in altri campi che vi spaventano. Se avete paura dell'altezza, salite sulla ruota panoramica, se avete paura degli insetti, teneteli in mano. Migliorare se stessi, diventare una persona più coraggiosa. Questi miglioramenti saranno utili anche in questo campo.

Si possono leggere migliaia di libri, ascoltare audio di auto-aiuto, ma l'unica cosa che può avere un effetto reale è fare le cose. Quindi fateli e non vergognatevi dei risultati. Esercitarsi e perseverare! Questo è il modo per liberarsi dalle paure. Affrontateli. Affrontateli!

Dimostrate a voi stessi che potete farcela. A poco a poco la paura si trasforma in coraggio e da paurosi si diventa coraggiosi. Tutto è possibile attraverso l'auto-miglioramento.

Tutti abbiamo le nostre debolezze. Spesso è un pensiero che nasce da esperienze dolorose. Ci fa vedere il mondo come dietro un vetro distorto. Incaselliamo le persone nella categoria di persone a cui apparteneva chi ci ha fatto del male. Quindi alcuni diranno che si tratta di femministe, altri di interessi personali, altri ancora di manipolatori o altro. Questa è una distorsione della realtà. Per poter fluire liberamente, dobbiamo bandire questi pensieri limitanti e negativi.

# Capitolo 6: Il fallimento.

Non c'è fallimento più grande del non averci provato. Tutti coloro che restano a casa senza cercare di realizzare i propri sogni non sono nemmeno dei perdenti.

State fallendo? Allora siete un fallimento, ma siete sulla strada giusta per diventare un realizzatore. Pazienza e perseveranza. Il lavoro ben fatto, la fede e l'entusiasmo trasformeranno il fallimento in vittoria.

Dimmi un uomo che non perde mai. Non esiste. Edison ha provato più di 1000 volte ad accendere prototipi di lampadine che non hanno funzionato. Ci vogliono almeno 10 anni per diventare veramente bravi in qualcosa. Alcune arti marziali sono così difficili che i praticanti migliorano poco a poco. E quando sono davvero maestri sono già vecchi. Devono esercitarsi e sopportare innumerevoli fallimenti. Ogni maestro, oltre al suo curriculum di successi, ha un curriculum di fallimenti. E non importa.

È difficile tornare a casa vuoti, dopo essere partiti senza successo. Con il freddo e la solitudine come compagni. Ecco perché non si dovrebbe uscire per flirtare, ma per divertirsi. Se ci si diverte, è tempo ben speso. Cercate il piacere dell'interazione e del gioco, non il risultato.

Non ci sono dubbi: **la cosa più difficile da fare è non provarci**. Un lavoro ben fatto ripaga **sempre**. Ogni volta che si fallisce si è più vicini alla vittoria. È bene fallire, bisogna vedere il lato positivo, si impara e si acquisisce forza e bagaglio. Bisogna essere indifferenti al fallimento, accettarlo come qualcosa di normale. Se la prendete sul personale, non andrete lontano. Non abbiate paura di fallire, tutti falliamo. La differenza è che altri si arrendono prima di avere successo. Non è vero. Il fallimento è il vostro maestro. Sfruttatela al massimo.

# Capitolo 7: I disperati.

A causa dei romantici, dei gentiluomini, degli orsacchiotti, dei film e dei media in generale, le donne sono state sopravvalutate.

Hanno inculcato l'idea che lei è il premio, che lei è il premio, che deve essere guadagnata e che non c'è bene più grande che avere un partner e una famiglia.

Ci sono ragazzi disperati, ragazzi che non hanno mai rimorchiato prima, che vedono internet come una panacea per le loro mancanze. Senza abilità sociali o carisma, si offrono a loro senza vergogna. Vanno ovunque per rimorchiare qualsiasi ragazza. La inviteranno a tutto e faranno di tutto per scopare. Anche senza vederla in faccia. Questo fenomeno è proliferato grazie a Internet, mentre prima non era così esagerato.

Questi smanettoni alzano il prezzo di mercato e le ragazze ci credono ancora di più di prima, ci credevano già troppo. Non realizzano nulla, ma rarefanno il mercato. Le ragazze non sono stupide e sanno come capire quando c'è un uomo interessante. E gli riservano un trattamento speciale al di fuori di tutto questo. Così fanno del male solo a se stessi. Sono persone oscure, che non portano loro nulla e non hanno nulla. Li deprimono. Spettri che vagano nell'oscurità delle loro vite spente.

Che il vostro carisma e la vostra attrattiva siano la luce che illumina questa oscurità. Attirateli verso il vostro calore. E godetevi la vostra presenza. Amen.

# Capitolo 8: Crisi.

Anche il seduttore più potente attraversa delle crisi. Non si può essere sempre al top. L'importante è che siano brevi, poco frequenti e che vengano risolti rapidamente e bene.

Per me tre mesi senza sedurre una nuova ragazza sono una crisi.

Le crisi di solito si verificano per uno di questi motivi:

- Una battuta d'arresto nelle conquiste che vi hanno infastidito.
- Un periodo di scarsa motivazione dovuto alla stanchezza.
- Abbandono fisico.
- Una ridicola infatuazione.
- Qualcosa nella vostra vita che va storto e vi condiziona. Lavoro, denaro, amici, salute.
- Non sfruttare un'opportunità. Questo provoca uno strappo nel mercato perché avreste dovuto prendere quella ragazza e non l'avete fatto. Quindi, siete puniti per questo, dal mercato stesso che vi nega le ragazze. Quindi, siete puniti per questo, perché il mercato stesso vi nega le ragazze.
- Un calo di fiducia per qualsiasi motivo.
- La monotonia di fare sempre la stessa cosa quando non è più eccitante.

Lo stato naturale è il boom. Il cervello ha bisogno di assimilare i concetti e i nuovi apprendimenti necessari per ottenere prestazioni ottimali. Questa è una crisi, una potente esperienza di apprendimento.

Momenti di riposo che servono a raccogliere più energia e a ripartire con un livello di prestazioni più elevato.

Per uscirne come gli attaccanti servono gol, successi. Prendeteli, anche se questo significa abbassare un po' il livello. Entrare in gioco ti restituisce subito la voglia e la fiducia in te stesso.

# Capitolo 9: Il lato oscuro dell'amore.

La parte inferiore scura. Si tratta di relazioni tossiche e di reazioni ancora più tossiche. Questo può accadere in persone giovani e deboli. L'ho messo perché tu possa essere un vero seduttore, allegro, felice, intelligente e non cadere mai in questo.

Bisogna essere felici con tutti. Se ci accorgiamo di aver flirtato con una persona cattiva, dobbiamo lasciarla e basta.

A volte, quando si è giovani, deboli e inesperti, non si è così intelligenti. Queste persone sono così stupide che non glielo permettono. Sono stati catturati.

Questo accade a causa di ridicoli romanticismi e perché credono di dover avere una relazione stabile a tutti i costi. Sono dipendenti e bisognosi e, invece di tenere la testa alta, si impegnano in guerre assurde. In breve.

La ragazza, per qualsiasi motivo, ha fatto loro molto male. Probabilmente molto. Li ha affondati. Ma non possono lasciarla, perché sono morbidi, dipendenti da lei. Quello che vogliono è la vendetta. Un sentimento riprovevole e non raccomandabile. È il lato oscuro, è potente e pericoloso. Non dovrebbe essere fatto. Si incamminano sulla strada dell'odio e questo porta al dolore, ascoltate Yoda.

Ciò che rende un povero dipendente e bisognoso è questo.

È pronto e la tiene a bada e, prima che inizino gli attacchi, ne sferra uno lui stesso. Attacchi preventivi che la dissuadono dal compiere atti di malvagità.

- La prima cosa che gli viene in mente è di essere infedele. E se lo scopre, tanto meglio. Freddo e spietato.
- Limita ulteriormente la loro disponibilità.
- Comincia a valutarlo troppo poco.
- Per cancellare gli appuntamenti.
- Se la vede, si occupa dei suoi affari (sesso) e se ne va.

Non voglio continuare. Rimarrete bloccati in eterne vendette ed entrerete in una spirale di battaglie vittoriose ma con la guerra persa. Ve lo dico perché non cadiate in questa merda. Dopo le soddisfazioni immediate, rimane un ricordo di disagio, infelicità e dolore.

Tutto questo vi porterà solo a farvi del male, a sentirvi male, a perdere attrattiva, autostima e karma. La distruggerai e devi avere molto odio per volerlo. Quindi, dimenticatevi di commettere questi errori madornali e lasciatela. Sarà molto meglio per entrambi.

Questo potrebbe essere fatto da un ragazzo che reagisce, ma potrebbe anche essere che lui non faccia nulla e rimanga lì, schiacciato da lei per anni. In entrambi i casi, persone tristi e frustrate.

Questo non è felice, non è bello, è fuori luogo. Ma è un esempio che non tutte le relazioni lunghe e durature sono così belle e buone. E quanto è bello essere soli molte volte. Un seduttore, non cade mai in queste stronzate.

# Parte II
# Amore e relazioni

# Capitolo 10: Amore.

Ci è stato inculcato un concetto romantico e persino smielato di amore come unica via da seguire. Altri modi di relazionarsi sono stati invalidati. Per questo motivo la società ha difficoltà a vedere di buon occhio tutto ciò che riguarda la seduzione e le relazioni senza impegno. Ma l'amore emerge anche in questi modi.

Qui vedrete che, nonostante la ricerca del divertimento, l'amore trionfa anche tra i seduttori, spesso involontariamente. Non si è immuni. Chi gioca con il fuoco finisce per bruciarsi. E va bene così, iniziamo!

Diciamocelo, noi seduttori non cerchiamo l'amore, non cerchiamo una relazione stabile, non cerchiamo di creare una famiglia; è il piacere, il divertimento, l'autostima e il gioco stesso che ci spinge a buttarci in cerca di ragazze. Per questo motivo bisogna essere pronti ad affrontare un forte rifiuto e non smettere mai di cambiare ragazza. Le ragazze si accorgono subito che non fate sul serio e molte di loro vi rifiutano. Bisogna essere sempre sul mercato, non fermare mai la produzione, altrimenti si può andare in crisi.

È sbagliato o immorale? Direi di no, a patto che non si tradisca troppo. Non mi piace ingannare le persone, si può mettere un po' di interesse nel formare qualcosa di serio all'inizio, o dare quell'immagine. Ma le cose stanno davvero così.

Si inizia una relazione e non ci si pone un limite, fino a dove si può arrivare. Può essere molto utile. Può diventare l'amore della vostra vita, perché non lo sapete finché non ci siete dentro. Quindi, va bene iniziare tutte le interazioni che volete, se questa è la vostra volontà. Non dobbiamo vergognarci di nulla, non dobbiamo rimpiangere nulla, obbediamo alla natura.

Cosa sapete se quella ragazza che all'inizio non vi piaceva molto, in seguito è diventata una meraviglia? E tu ti innamori di lei e finisci per avere una relazione stabile. Fa parte del gioco.

In generale, lasciate aperta la possibilità di avere qualcosa di serio e vi fate coinvolgere completamente da lei. Spesso si sa, o si pensa di sapere, che non ci si lascerà coinvolgere, ma lei non lo sa. Ma c'è anche una dose di casualità che fa sì che tutto possa accadere. Il fatto è che è legittimo dire che si vuole conoscerla meglio e che si vedrà se scatta l'amore, perché è vero. Non si tratta di mentire e dire che siete innamorati o che lei è la donna della vostra vita. Che vuoi fare sul serio con lei - mai! È lasciato lì in questione, nella possibilità, nella potenzialità.

L'amore è bello e nobile, ma un po' cieco e sciocco. Vi rende deboli, bisognosi, perdete valore ai loro occhi. Perché individuano la vostra debolezza, il vostro bisogno. Non sembri un nome completo, se non hai la tua amata. E, naturalmente, si proietta una scarsa attrattiva, poiché la propria autostima si abbassa se la relazione non funziona bene. Sì, vi vedranno belli, vi vedranno nobili. Ma vi percepiranno come un ragazzo simpatico, non un mascalzone senza vergogna, attraente e affascinante, che è ciò che le attrae di più.

In tutti gli sdolcinati film americani e spagnoli, sembra che nella vita non ci sia niente di più bello che essere innamorati. È vero che è molto bello, ma sono solo momenti, momenti di passaggio e alla fine, quando arriva la rottura, c'è un retrogusto amaro e doloroso. Questo non accade mai al seduttore, che non si lascia coinvolgere più di tanto.

La lezione è che per eliminare le sue difese contro il fatto che tu vada a letto con lei e la sua paura che tu la abbandoni, devi dare l'immagine di un uomo che lascia la porta aperta all'amore.

Per questo l'amore è nostro amico, ci apre le porte e altre cose più interessanti come le sue gambe.

# Capitolo 11: Fedeltà.

L'uomo, in quanto specie scimmiesca, è per natura infedele. Questo è scientificamente vero. Questa è la vostra natura e non potete andare contro la natura. Guardate un qualsiasi documentario sulle scimmie e capirete cosa sto dicendo.

Una volta Casanova disse, quando gli fu chiesto di parlare di infedeltà, che non riteneva di aver tradito nessuna donna. Perché in materia di amore, il tradimento è sempre reciproco. Se l'ha detto Casanova, allora tutto è detto e fatto.

Quasi tutti hanno un "aggiustatore", un "follamigo", che si prende cura di loro. Non va bene come fidanzato, ma va bene per quello. Con lui sono già tranquilli. Se vi siete mai pentiti di essere stati infedeli, pensate che questa nuova ragazza può essere una relazione molto più interessante e positiva di quella che avete. E che non lo sai finché non l'hai provato a fondo con lei.

Quindi, non sabotatevi, provate, confrontate e se trovate qualcosa di meglio, cambiatelo. Come ha detto Manuel Luque. E le ragazze fanno lo stesso, Alegria!

Penso che l'amore non sia limitato a una sola donna. L'amore è ovunque.

Ci sono ragazze che sono sensibili e delicate e voi potete fare loro molto male. Ecco perché bisogna trattarli bene e nasconderli il più possibile per non farli soffrire. Non si tratta di ferirla, ma di divertirsi. Se vedete che la state ferendo, lasciatela. Lei non merita di soffrire e tu ti senti una persona cattiva.

# Capitolo 12: Hai una ragazza?

Il modo più semplice per avere una ragazza è non volerla. Allora farete ciò che li attrae e molti vorranno diventare uno di loro. Se fai la brava ragazza e ti struggi per avere una fidanzata, non l'avrai. Averne uno è la cosa più semplice di tutte. Dovete semplicemente fare ciò che viene spiegato in questo libro. Quando vedi una ragazza che ti piace. La prenderete facendo tutto esattamente come viene spiegato. Divertente, sexy e duro.

Se vedete che vi ascolta, con il passare del tempo vi comportate un po' meglio con lei. La chiami un po' di più. Mostratele un po' più di interesse (senza essere teneri) e arriva il giorno in cui potete fidarvi di lei, che non vi deluderà. Le piaci e ti senti a tuo agio. Poi le dici che vuoi che sia la tua ragazza e se lei dice di sì, lasci gli altri e stai con lei. Io ne terrei uno. Per ogni evenienza. Ma si dedica alla fidanzata. Se tra qualche mese, due o tre, le cose andranno bene, si potrà scommettere su di lei.

È il sistema. Se con la prima che rimorchi, le mostri già molto interesse e non metti in pratica azioni da duro e tutto il resto, non riuscirai ad avere quella ragazza come fidanzata.

Dovete mantenere le azioni da duro e attenuarle gradualmente, man mano che se le guadagna.

La domanda è: perché vuoi avere una ragazza? Per un vero seduttore, non è conveniente averne uno.

- Sei un tipo tosto, che non vuole stare fermo con uno.
- Si perdono grandi opportunità che non si ripresenteranno.
- Non credete nell'amore eterno. Piuttosto, la vedete come una debolezza.
- Il sesso è molto peggiore e più scarso. La routine, la monotonia. Si finisce male, cazzo.
- Vi rende deboli e poco attraenti agli occhi delle ragazze.
- L'autostima può diminuire se non si riesce a scopare o se ci si sente privi di potere.
- Sentite che vi manca qualcosa, che non state facendo ciò che vi piace.
- A volte vorreste lasciarla per questi motivi e non ci riuscite, perché vi rende dipendenti e molli. E voi soffrite per questo.
- Litigi e rabbia.

Prima eri il fottuto padrone e facevi quello che volevi, eri te stesso. Qui, a volte, sei solo un ragazzo che cerca di non farsi manipolare, in un'eterna, estenuante lotta.

Di conseguenza, molti si sentono frustrati e finiscono per diventare misogini o amareggiati o entrambi.

Un grande insegnante, di altissimo livello, un mio amico, era in televisione e quando gli è stato chiesto della sua ragazza, ha detto che non ne aveva più una, con un'espressione sollevata sul volto. E ha aggiunto per tutti gli spettatori.

- "La cosa peggiore che ti possa capitare nella vita è avere una ragazza".

Sono cose che solo gli iniziati, i veri seduttori, possono capire. Se non la pensate così, non siete ancora pronti. Solo i duri, solo i forti, solo i maestri.

# Capitolo 13: La mentalità femminile.

Le ragazze sono molto più intuitive di noi e rilevano facilmente tutto ciò che abbiamo in testa, dal linguaggio del corpo, dai gesti o dall'atteggiamento. Sanno perfettamente chi è un bravo ragazzo, chi sta per flirtare o chi è un flirt consumato. Lo sanno. Quindi, se si lasciano flirtare, non possono lamentarsi del fatto che tu sia stato così o così, perché, beh, lo sapevano!

Devono fare i difficili, perché sono stati culturalmente programmati a farlo dalla nostra società. Anche se è molto interessata, farà il difficile. Bisogna vederlo come parte del gioco e avere pazienza, non disperarsi, non arrabbiarsi, non mostrare il minimo segno di preoccupazione. Sarebbe un errore enorme e definitivo. Perché le fate capire che siete bisognosi e dipendenti. Scapperanno via.

Al giorno d'oggi, qualsiasi donna normale è disposta ad andare a letto con un ragazzo se le piace la prima notte. È una questione di intensità dell'attrazione che prova. Si dice che l'aspetto non conta, ma quando c'è un ragazzo con un fisico mozzafiato, sono disposte ad andare a letto con lui molto rapidamente, quella notte, piuttosto che domani. D'altra parte, quando c'è un ragazzo con un fisico orribile, lo rifiutano. Non sono così profondi come pretendono di essere. Ma nella normalità in cui si trova il 99% di loro, il fisico non è importante.

Quando un'interazione scorre, tutto è naturale e veloce. Se ti pongono troppi ostacoli, troppi problemi, il mio consiglio è di non insistere; vai da un'altra ragazza, non sforzarti troppo come se fossi bisognoso. Quando si flirta le cose scorrono veloci e bene. Tutto sembra filare liscio. Come un bel sogno. Se non è così, non state flirtando.

Ci sono molte ragazze e sono molto belle. Non possiamo essere ossessionati da nessuno. Chi non ci vuole vedrà che un altro ci vuole. Possiamo pensare: "Abbiamo combattuto in posti migliori!" e continuare il nostro lavoro. Inoltre, se ti vedono con altre ragazze, questo risveglia in loro il desiderio di averti, perché sei già preselezionata come buona qualità da un'altra.

Non bisogna reagire al fallimento. Le ragazze hanno insicurezze, hanno debolezze, sono umane. Alcuni sono sensibili e deboli sotto un guscio duro. Decodificatelo. Ricordate che. Se hai mantenuto la posizione parlando con lei per un po', l'unico ragazzo che ha una reale possibilità di fare qualcosa in tutto il pub sei tu.

Sono più razionali e vi valuteranno in modo più freddo e analitico di quanto voi valutiate loro. Ti interesserà che sia sexy, che sia simpatica, che abbia una personalità simile, e questo è quasi sufficiente per te.

Esaminano tutti gli aspetti della vostra vita. Lavoro, amicizie, denaro, hobby, abilità, personalità, fisico, carisma, classe sociale. Ma soprattutto **l'adeguatezza ai loro interessi**. Questo non è necessariamente un male. Raccomando di non fornire troppi dettagli sul lavoro e ancor meno sul denaro. Eviterete di essere respinti se siete validi, se avete poco. O che si attacchino con interesse, se l'avete fatto. Un alone di mistero in tutto questo.

Non ostentare denaro o beni. Le ragazze ti vedono come un ragazzo che le deve comprare, perché da solo non ne vale la pena.

Oggi cercano personalità affini e non sono quasi più interessati al lavoro o al denaro. Si tengono per sé. Bei tempi per i seduttori carismatici.

Non tutte sono alla ricerca di un ragazzo seducente. Alcune vogliono un padre, altre un fidanzato formale e serio. Per questo la nostra personalità seducente è attraente, ma non basta a far sì che tutti vogliano venire con voi. Alcune preferiscono un ragazzo gentile, se è questo che cercano. Soprattutto le donne mature sono alla ricerca di un ragazzo per un fidanzato. Non deve per forza riguardare voi. Avete il vostro mercato.

Alcuni sono interessati al denaro. Purtroppo il maschilismo esiste. Si concretizza in queste zie anacronistiche, che cercano un uomo che le mantenga e dia loro il piacere che non potrebbero dare da sole.

Andranno con chiunque, vecchio, brutto, senza carisma. Mi sono indifferenti, perché travisano il valore delle persone, sottovalutando quelle seducenti. Ora, sono sicuro che queste idee sono state inculcate loro dall'ambiente in cui si trovano. Che non hanno tutta la colpa di essere così. Quindi, l'indifferenza è un sentimento migliore del disprezzo. Il disprezzo mostra debolezza.

Bisogna pensare che non li amano, non gli piacciono. Li usano. E la pagano cara. Di solito con il denaro. Ma quasi sempre anche con il loro disprezzo. Non si perde nulla se non si frequenta una donna interessata. Si guadagna.

In generale, cercano un uomo che dia loro fiducia e che sia in linea con i loro gusti, anche se non è attraente, può valere una relazione seria se è malleabile. Qui i ragazzi formali hanno la loro occasione, avranno una ragazza che si piegherà ai loro capricci e si renderà schiava per il resto della loro vita. E il ragazzo attraente viene lasciato, per una relazione sporadica, perché non vuole impegnarsi.

Infine, sono persone con sentimenti e dobbiamo trattarle nel miglior modo possibile. Certo che dobbiamo.

# Capitolo 14:
# Atteggiamenti obsoleti.

Dovremmo dispiacerci per le persone che possono fare tutto il sesso che vogliono? Fanno sesso quando vogliono, quasi sempre con chi vogliono, e per di più si lamentano di non riuscire a trovare l'amore.

Per noi uomini è più difficile che per le donne trovare l'amore. Ma il sesso è anche infinitamente più difficile e più necessario per noi.

Soffriamo, soffriamo molto, per non aver raggiunto i nostri obiettivi. È molto difficile essere un uomo. Quindi, quando vi dicono che la vita delle donne è molto difficile, vi stanno mentendo. Almeno per quanto riguarda la vita sentimentale. C'è discriminazione sul lavoro, c'è discriminazione in molte cose, ma in amore? Non farmi ridere.

I più sciocchi di tutta la storia, i cavalieri medievali. La signora sarebbe stata messa alle strette e non avrebbe fatto altro che ridicolizzarsi.

C'è un'abitudine vomitevole e spregevole di voler essere invitati a tutto. Coloro che acconsentono a questo si degradano come uomini, considerandoli un premio e non meritando altra qualifica che quella di sciocchi. Un atto che considero anacronistico e di un machismo superato.

Ogni giorno ci parlano di uguaglianza, ma quando fa comodo, alcuni vogliono continuare a beneficiarne. Mi sembra tutto così ridicolo, non permetto a nessuna ragazza di impormi, di invitarla. Automaticamente non vado più con lei a causa del suo maschilismo e le do buca. Credo nell'uguaglianza. Chi va in giro a invitare donne, dimostra di metterle su un gradino più alto di lui, svalutandosi ai loro occhi. Le compra anche con i soldi, cosa che le ragazze normali odiano.

Nel migliore dei casi, sarà usato o saranno con lui per interesse. Non lo faccio mai, ognuno paga a modo suo.

Dobbiamo apprezzare la loro bellezza, dobbiamo apprezzare il fatto che corrono più rischi di noi. Ma non ammirateli troppo, solo un po'. La maggior parte di loro è simpatica e divertente. Le donne sono mie amiche. Mi hanno sempre trattato molto bene e tratteranno bene anche voi se li tratterete bene. Ciò che si dà, si riceve. Bisogna essere positivi e ottimisti. Il mondo è pieno di donne meravigliose. Viva le donne!

# Parte III
# Seduzione

# Capitolo 15: Che cos'è la seduzione?

Secondo la definizione ufficiale che si può trovare su google sedurre è.

1. Far sì che (una persona) si senta attratta o innamorata di un'altra persona utilizzando le risorse necessarie per farlo.

2. Far sì che (una persona) abbia un rapporto sessuale con un'altra.

Da ciò si deduce che la seduzione sarebbe incompleta senza un rapporto sessuale. Si tratta quindi dell'arte di attrarre le persone allo scopo di avere un rapporto sessuale.

Parleremo dei seduttori di luce. Persone che usano il loro fascino per attrarre e completare e per me veri e propri seduttori. Cioè coloro che hanno rapporti sessuali con le persone da cui sono attratti.

Perché sedurre?

Senza dubbio seduciamo perché ci manca qualcosa, in questo caso il piacere e il sesso.

Perché?

Per aumentare l'ego, per sentirsi attraenti, per sentirsi vivi, per uscire dalla routine o per il semplice fatto di cercare il piacere.

A chi?

È chiaro che la risposta è la gente che piace. Qui ci concentreremo sulle relazioni personali eterosessuali e sulla seduzione uomo-donna, che è ciò che conosco e pratico. Particolarmente interessanti sono le belle ragazze.

Quando?

Sempre.
Dove?
Ovunque.

# Capitolo 16: Vantaggi della seduzione.

Vi rendete conto di quante persone incontrate, nel bene e nel male? Vi state ritagliando il vostro destino.

Avrete detrattori, avrete fan e vi divertirete a conoscere persone interessanti, ad avere relazioni, brevi, lunghe o medie. Esercitarsi, divertirsi. Posso assicurarvi che le ragazze sono generalmente educate e gentili. Alcune di loro sono molto gentili e molte di loro desiderano la stessa cosa, ma non hanno il coraggio di fare il grande passo. È per questo che siete lì.

Alcuni di essi sono così scottanti che la gente non osa parlarne, mentre quelli che osano sono accolti con entusiasmo. Come ha detto una di loro, "i ragazzi sono lì a guardarmi e non hanno le palle per entrare in me". Devi fare le cose bene, essere divertente e simpatico e non ti può succedere nulla di male e se succede, va bene così.

Dopo aver vissuto centinaia di avventure, ci si sente molto potenti, molto forti, quindi ci si diverte il doppio. Ci si diverte quando lo si fa e si gode di quel momento ricordando per sempre i propri trionfi.

I ragazzi vi invidiano, le donne vi desiderano. Diventate un buon seduttore e avrete il potere.

Immaturo, infantile, con la sindrome di Peter Pan? Lasciate che dicano quello che vogliono. Voglio solo che duri.

# Capitolo 17: Il vero seduttore.

Spesso si confondono i termini e si accomunano persone che passano per seduttori quando non lo sono. Lo decodificherò.

Ecco i seguenti personaggi:

Gli scrocconi.

Questi uomini passano la vita a sedurre alcune donne, per trarne profitto. Di solito finanziariamente, ma anche socialmente, o per questioni legali, ruoli o interessi che li avvantaggiano. Sono interessati e manipolatori. Feccia

Bello formale.

Questi ragazzi rimorchiano le ragazze e suscitano interesse, ma non fanno una produzione massiccia, né si impegnano troppo. Cercano una ragazza, di solito una ragazza molto bella, e poi ne fanno un fidanzato. I bravi ragazzi.

Camerieri di pub.

Di solito sono belli e intelligenti. Si legano per il loro lavoro, che li mette sotto i riflettori e dà loro un grande potere. Se li si toglie dal lavoro, il loro rendimento cala come l'acqua nel Niagara. Molti si sposano anche subito dopo. Ci sono casi in cui sono veri e propri seduttori, i più rari. Sono tranquilli.

Uomini d'affari ricchi ed esperti.

Si fanno le ragazze, interessati al loro status sociale e ai loro soldi. Nient'altro. Se non fossero milionari non mangerebbero assolutamente nulla. Vengono utilizzati.

Celebrità, calciatori e attori.

Sempre le stesse, ragazze interessate ai soldi e alla fama. Alcuni possono essere seducenti, ma non hanno bisogno di sviluppare i loro doni, ci arrivano da soli. Non ho altro da aggiungere. Vengono utilizzati.

Entrate.

Ragazzi che si dedicano al 100% e che bruciano il mercato entrando e uscendo dal mercato senza incisività e con scarsi risultati. Le ragazze li vedono e li associano al flirt, ma non hanno successo. Al momento no, ma se affineranno le loro tecniche, lo faranno. Da qui si può passare a diventare un membro della scuola della parlantina. Sono i più vicini. Apprendisti.

Abusivi.

Ragazzi che approfittano della loro posizione di potere per andare a letto con le persone a loro affidate, o che sono loro clienti bisognosi. Spacciatori di droga, uomini d'affari che beneficiano di persone senza scrupoli o senza scrupoli per interessi lavorativi. Abusivi amorali.

Stelle del rock.

Non sono veri seduttori. Non sono loro a sedurre, è il loro lavoro a sedurre. Almeno, se hanno fatto cose e le loro canzoni li hanno estasiati. I risultati sono grandi, le arti di questi uomini sconosciute. Non sono nemmeno dei seduttori. Sono idoli, non seduttori.

Un vero seduttore è uno che seduce da solo. Con il suo buon lavoro, in massa. Che ha pochi o nessun vantaggio che lo aiuti. Senza agevolare posti di lavoro o situazioni favorevoli. Lega perché è davvero seducente. Un'élite.

# Capitolo 18: Le vie del flirt.

Da quanto ho capito, ci sono 6 modi:

- Il lavoro.
- La notte, spiegata in questo libro.
- La strada.
- Reti sociali.
- Amicizie.
- Vita sociale intensa.

Partecipate a corsi in cui ci sono molte donne. Andare a eventi, conferenze, manifestazioni, concerti. Tutti i tipi di eventi in cui c'è interazione con le persone.

Non perdete l'occasione di incontrare persone, di socializzare. Non limitatevi alle ragazze. Incontrare persone di ogni tipo, che possono facilitare l'incontro con altre persone. Pratica, perché, persone, incontrare persone.

# Capitolo 19: Trovare il proprio stile personale.

Non siamo tutti uguali e anche se le fasi e le azioni da compiere sono le stesse. Le modalità di esecuzione possono essere molto diverse e ottenere risultati simili.

Un grave errore che spesso si commette è quello di cercare di fare le cose con lo stile e gli atteggiamenti degli altri. Dobbiamo sviluppare il nostro stile, il nostro marchio personale, basato sui nostri valori, atteggiamenti, linguaggio del corpo ed essenza.

Non fate copie di altri, perché sono mal fatte e non sono veramente vostre.

Analizzando i principali insegnanti che ho incontrato, mi sono reso conto che esistono diverse scuole. Ciascuna di queste scuole enfatizza una caratteristica rispetto alle altre.

Un insegnante deve ottenere buoni risultati in ognuno di essi. Non è sufficiente appartenervi. Bisogna cercare di essere globali. Padroneggiate tutte le scuole e applicate gli insegnamenti in modo appropriato. Sebbene nessuno sia uguale a un altro, ho osservato alcuni schemi comuni. Su questa base, sono stato incoraggiato a valutare le diverse scuole in base alle caratteristiche che ritengo più rilevanti. È una linea guida, alla fine il successo dipenderà dall'impegno che ci metterete.

È così che esiste:

**La scuola del portamento.**

Molto ben vestito, molto curato, elegante. Trattamento molto corretto dei ragazzi e delle ragazze, molto carisma ed educazione. Trattano le persone molto bene. Sono percepiti come gentiluomini raffinati ed eleganti. Le ragazze si avvicinano facilmente a loro. Non hanno bisogno di sforzarsi molto. Hanno ragazze di qualità. Guasto. Molto artificiale. Falso.

- Porte 10 Sforzo che fanno (sottrazione) -2
- Carisma 8
- Labia 8
- Spudoratezza 8
- Durezza 5
- Naturalezza 4 Capacità finale. **41**

**La scuola del carisma.**

Molto fascino, conversazione molto fluente e divertente. Sono l'anima della festa. Buon abbigliamento, arguzia, portamento. Sono affettuosi e galanti. Trattano le ragazze in modo da farle sentire speciali. Si affezionano. Guasto. Tendono ad essere molto morbidi.

- Porte 8 Sforzo che fanno (sottrarre) -6
- Carisma 10
- Labia 8
- Spudoratezza 9
- Durezza 3
- Naturalezza 5 Capacità finale. **37**

**La scuola della parlantina.**

Conversazione molto facile, fluente e piacevole. È facile mettere a disagio le ragazze mettendole rapidamente a terra. Divertente e simpatico. La loro strategia consiste nello svalutare la donna, utilizzando i cosiddetti "negas" che consistono nel negare il suo valore. Nervoso, veloce e molto, molto laborioso. Formatori instancabili.

Hanno una produzione brutale. Non sono bravi a conquistare nel lungo periodo. Un sacco di rotazione e poca profondità nelle loro relazioni. Danno bastoni ciechi per non saper selezionare bene. Esauriente andare con loro. Difetto. Hanno un colpo molto scarso, quindi devono entrare e uscire all'infinito finché uno di loro non gli presta attenzione.

- Porte 7 Sforzo che fanno (sottrarre) -10
- Carisma 7
- Labia 10
- Spudoratezza 8
- Durezza 8
- Naturalezza 3 Capacità finale. **33**

**Scuola di spudoratezza.**

Non sono particolarmente ben vestiti. Sono sfacciati e presuntuosi. Sono facili da conquistare, hanno una conversazione divertente e molto carisma. Pensano di essere speciali. Sono attraenti. Sono sfacciati quando si tratta di entrarci, ma anche intelligenti quando si tratta di essere flessibili. Sono divertenti. Sono arguti, imprevedibili e spiritosi. Se necessario, possono essere duri. Intelligenza molto elevata e occhio clinico per la selezione. Quando sono "in fiamme" sono inarrestabili e in questi momenti hanno la massima padronanza. La loro sfrontatezza e sfacciataggine aumentano con il progredire della relazione. Li fanno fuori. Difetto. Hanno grandi alti e bassi, giorni in cui fanno faville e giorni in cui hanno prestazioni deboli e non sembrano gli stessi.

- Porte 7 Sforzo che fanno (sottrarre) -7
- Carisma 9
- Labia 9
- Sfrontatezza 10
- Durezza 8
- Naturalezza 3 Capacità finale. **39**

**Scuola di durezza.**

Hanno serie difficoltà ad entrarvi, labbro medio e livello medio di sfrontatezza. Hanno una grande intelligenza nell'adattarsi alla ragazza. Proiettano un'immagine seria e interessante. Sono molto selettivi. Preferiscono lavori di lunga durata in cui si lavora con durezza. Pensano di essere il premio più di chiunque altro. Dovrà guadagnarseli. Le ragazze si innamorano di loro e approfondiscono il rapporto. Si innamorano a lungo. Hanno un'enorme potenza. Lento ma sicuro. Difetto. Di notte si agitano se non sono drogati. Molto falso.

- Porte 8 Sforzo che fanno (sottrarre) -8
- Carisma 7
- Labia 7
- Spudoratezza 6
- Durezza 10
- Naturalezza 7 Capacità finale. **37**

**Scuola di naturalità.**

Trasmettono l'immagine di ragazzi buoni, naturali e semplici. Sono affettuosi e dolci. La ragazza non si sente minacciata da loro. Sono poco loquaci, riservati e danno l'immagine di essere timidi. Il loro punch è basso e sono lavoratori instancabili. La produzione è medio-bassa. Cercano un terreno comune, sono piacevoli e normali. Trasmettono fiducia. Sono piuttosto morbidi, anche se meno dell'immagine che danno. Per i miei gusti non sono dei veri e propri seduttori, ma con l'impegno si aggiungono. Difetto. Troppo normale.

- Porte 7 Sforzo che fanno (sottrarre) -9
- Carisma 7
- Labia 4
- Spudoratezza 4
- Durezza 5
- Naturalezza 10 Capacità finale. **28**

# Capitolo 20: Lavoro e circostanze favorevoli.

Ci sono lavori che rendono più facile incontrare ragazze e rimorchiarle, mentre altri riducono al minimo il rapporto con loro e le possibilità. Cercherò di spiegare quali caratteristiche hanno questi lavori di facilitazione:

- Avete una posizione di potere, vista la vostra conoscenza o la vostra interazione con loro. Per esempio, un insegnante, un capo.

- Le persone che lavorano con voi sono ragazze e sono molte. È un vantaggio impressionante. Si elimina la concorrenza. Siete quasi, quasi, unici. Chi vuole qualcosa dovrà venire da voi. Quindi è un bene, tutti quei lavori in cui le ragazze sono in maggioranza. Un'infermiera.

- Il lavoro che svolgete vi dà la possibilità di interagire con molte persone. È rivolto al pubblico. Una commessa.

- I clienti del settore in cui lavorate sono tutte donne, o la stragrande maggioranza di esse. Un negozio di profumi e cosmetici, ad esempio, un negozio di lingerie.

- Se siete venditori, interagite già con le persone. Se può essere qualcosa di femminile, tanto meglio. Questo lavoro vi aiuterà molto a migliorare le vostre qualità seduttive.

- Nel suo lavoro c'è il contatto fisico con le ragazze. È fantastico. Un'insegnante di danza. Un attore.

- L'ultima caratteristica che vi aiuterà a sedurre è che il lavoro ha un'aria giocosa e festosa. Un animatore su una nave da crociera. Un cantante. Un'insegnante di danza.

- Che il luogo in cui si lavora è un luogo di festa. Una città di festa, un luogo di turismo. Tutto questo renderà il pubblico con cui lavorate più ricettivo. Un bar sulla spiaggia. Tutto ciò che riguarda il turismo. Fare il muratore in un villaggio di Burgos non è la stessa cosa che fare il cantante in una crociera per single.

- Lavori che permettono di viaggiare in Spagna o, meglio ancora, all'estero. Questo vi darà l'autonomia e l'indipendenza di cui avete bisogno per compiere le vostre malefatte. Questo è particolarmente consigliabile per chi ha una relazione nello stesso periodo. Nessuno lo sa e si può essere percepiti come una persona di alto valore dalle donne del posto. Sono luoghi in cui la vita è più difficile. Dove gli europei sono molto considerati e apprezzati, ma non il turismo sessuale.

Non ci sono le stesse opportunità in una città ricca di turismo e di attività come in un villaggio di montagna isolato. Quindi il successo deve essere ponderato in base alle circostanze di ciascun individuo. Non è solo il lavoro ad avere un'influenza. Il luogo, la cultura del luogo, la posizione sociale, il denaro. Tutto ha una seria influenza. Un povero pastore di montagna che non vede mai nessuno non ha la possibilità di fare quello che può fare un disyochey a Ibiza.

# Parte IV
# Gli elementi

# Capitolo 21: La mente.

Questo è un capitolo molto importante, direi uno dei più importanti. La mente è tutto. Il successo e il fallimento del seduttore.

Il successo e il fallimento sono entrambi nostri amici. Una dà gioia e l'altra aiuta a imparare. Bisogna mettersi in testa che questo è un gioco. Né il successo né il fallimento possono condizionarvi. Non dovete aggrapparvi a niente o a nessuno, dovete fluire, sentirvi a disagio, osare cose nuove. Superate ogni giorno le vostre paure e i vostri limiti.

Dovete essere audaci, coraggiosi, determinati, sicuri di voi stessi, soprattutto sicuri di voi stessi e non dovete preoccuparvi di ciò che dicono o fanno. Non bisogna nemmeno deprimersi per i risultati ottenuti.

Basta attenersi a una cosa, una sola. **Alla vostra coscienza di seduttore di successo.**

**Il mondo esterno è una manifestazione del vostro mondo interiore.** Per avere successo nel mondo esterno bisogna prima conquistare la propria mente. Dovete immaginarvi nel dettaglio nel vostro ruolo di successo. Dovete vedervi interagire con le ragazze con facilità. Immaginatelo, credetelo, credeteci, agite come se foste già quella versione perfetta di voi stessi.

Tutto ciò che vedete è stato prima un'idea. Per prima cosa, dovete avere un'idea di voi stessi. Non preoccupatevi di dire loro qualcosa. Il vostro linguaggio del corpo, il vostro atteggiamento, i vostri movimenti, la vostra presenza, trasmetteranno loro l'idea che avete di voi stessi.

Esercitatevi ogni giorno nella vostra mente per acquisire le qualità desiderate. Cercate persone che vi superano di gran lunga in ognuna di esse. Impegnatevi ad acquisire queste qualità.

È necessario avere:

- Intelligenza per selezionare quali inserire e con quale frase.
- Il coraggio di entrarvi.
- Umorismo, per divertirli.
- Labia, per portare avanti una conversazione interessante.
- Fiducia in se stessi, per proiettare l'immagine di un ragazzo interessante.
- Intelligenza emotiva, per saper portare l'interazione su quegli argomenti che favoriscono i vostri interessi.
- Una maggiore intelligenza emotiva, per sapere quale grado di rozzezza proiettare, a seconda della ragazza che si tratta. Si chiama calibrazione.
- Ancora più intelligenza emotiva, per eseguire la chiusura sembra fattibile.

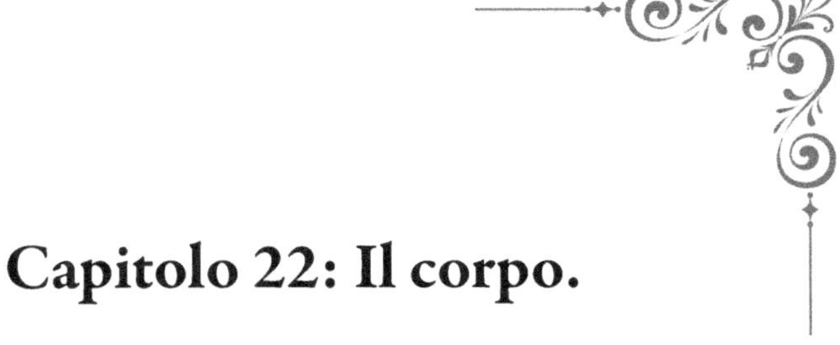

# Capitolo 22: Il corpo.

Quello che avete va bene. Non è necessario diventare un superfusto. Avere un bel corpo non è legato al flirt. Finché siamo nella media. Aiutare aiuta, certo, ma è più importante che ci si accetti e ci si valorizzi. Non si può mai andare in giro a lamentarsi di essere grassi, calvi, vecchi, grigi o di qualsiasi altra stronzata. Bisogna amare ciò che si ha, amare il proprio corpo. A meno che non abbiate un corpo super o un corpo orribile, non è rilevante. In questi casi è rilevante, è decisivo. Ma il 99% delle persone è nella media e quello che avete è sufficiente. Ciò che conta è la vostra mente.

Guardano più al viso che al corpo. Guardano cose come le mani, i denti, il sorriso.

Se avete un viso e un corpo imponenti, come una modella. Allora sarà importante, molto importante. Perché non sarete nella media e farete interessare le ragazze prima di parlare. Dopodiché, dipende dalla vostra mente e dalla vostra arte.

Ho visto cose incredibili, con un mio amico con un fisico di livello brutale. Le ragazze erano attratte dal super figo, avevano le allucinazioni e volevano andare a letto con lui, anche prima di conoscerlo. La vita del superfigo è davvero comoda e facile, a patto che faccia le cose per bene. Ma si tratta di eccezioni.

Quelli normali, tra cui il 99% delle persone, hanno un funzionamento diverso da quello descritto qui.

# Capitolo 23:
# Abbigliamento.

Quello che avete va bene, i vestiti che indossate non sono legati alla seduzione. Aiuta anche, ma soprattutto, a posizionarsi in un gruppo sociale. Naturalmente, dovete vestirvi in base alle ragazze che state cercando di rimorchiare. Non si può pretendere di andare in giro con un mohawk e un chupa chiodato, per flirtare con le ragazze che si vogliono rimorchiare. Questo è troppo ovvio perché debba dirvelo io, quindi se assomigliate a quelli con cui state, è sufficiente.

I marchi e tutte queste cose possono attrarre solo persone superficiali o interessate al denaro. Sono persone che non vanno bene per noi, credetemi. Potete investire i vostri soldi nei marchi, ma sappiate che, ad eccezione di segmenti di mercato molto radicalizzati, non ne avrete affatto bisogno. Ci sarà sempre una camicia o un indumento feticcio che vi darà potere, identificatelo e abusatene.

Se indossate abiti molto appariscenti, eleganti o con una caratteristica molto marcata, sarete immediatamente notati. Vi aiuterà a essere percepiti in modo diverso. Ma potreste essere sovra-posizionati. Questo aprirà alcune porte e chiuderà le altre.

Essere vestiti in modo eccessivo, troppo elegante, troppo elegante, troppo elegante, troppo elegante è pericoloso. Mostrate troppo interesse a piacere. Preferisco dissimulare un po' vestendo più in linea con il resto.

Su questo punto lascio a voi la scelta. Siate comodi. Mentre vi sentite bene.

# Capitolo 24: Luoghi.

Quelli in cui ti senti a tuo agio, in cui ti piace la musica, in cui ti piace l'atmosfera, sono buoni. È bene anche variare di tanto in tanto, andare in altri ambienti ed esercitarsi lì. Ma il modo in cui vi sentite a vostro agio nel posto sarà direttamente collegato alle vostre possibilità di rimorchiare. Nessuno flirta quando si trova in posti che non gli piacciono. Per fare sesso, bisogna essere felici. Andate in posti dove le persone si vestono come voi, si sentono come voi, lì avrete più possibilità di interagire con successo.

Se siete troppo abituati a frequentare gli stessi posti con le stesse persone, cambiate e diversificate. Troverete anche feudi di potere e zone di pesca dove potrete pescare in abbondanza. Cercateli e abusatene. È bello essere visti come un successo. Ha un effetto a catena.

Provateli, ovunque, non limitatevi alla notte.

Entrare:

- Nel negozio.
- All'aeroporto.
- Sul treno.
- In palestra.
- In strada.
- Sulla spiaggia.

Cercate qualcosa per iniziare una conversazione. Qualsiasi cosa. Non perdete mai un'opportunità. Una volta iniziata la conversazione, si aprono le porte delle possibilità.

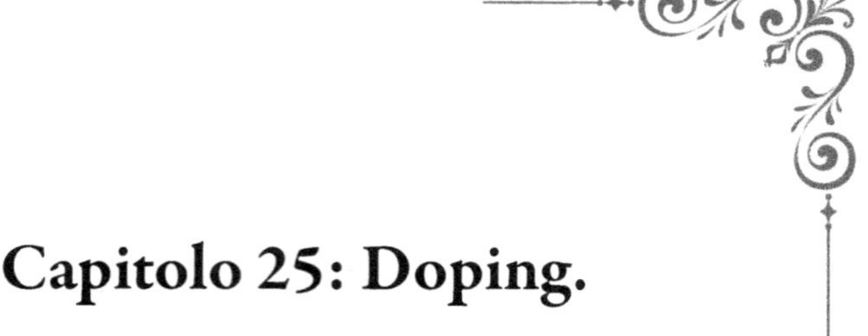

# Capitolo 25: Doping.

Se potete evitare l'alcol, tanto meglio. Bisogna avere le qualità per se stessi, evitando l'intossicazione, che può danneggiare la salute. Ma, se non si può evitare, è meglio andare un po' drogati per essere più sciolti, che stare lì senza saper dire nulla di sensato, o senza pericolo. Siate disinibiti, ma attenti. Se avete deciso di drogarvi un po', vi raccomando piccole quantità e un'alta gradazione alcolica. Whisky con ghiaccio, evitando birre che riempiono, gonfiano, fanno ruttare e non fanno sballare. Anche il vino è molto buono. Ognuno dovrebbe fare ciò che ritiene più opportuno.

Date potere a voi stessi, date potere alle vostre capacità con la vostra mente. Ricordate che l'alcol fa emergere solo ciò che è dentro di voi. Se siete persone depresse, questo non vi aiuterà affatto. Tutto con saggezza e buon senso. E naturalmente, di tanto in tanto, si può fare il passo più lungo della gamba e fare quello che si vuole. Perché siamo qui per pochi giorni. Droga, cacca, non pensarci nemmeno.

# Capitolo 26: Il mercato.

Per il seduttore, il mercato è la cosa più importante. È ciò che amiamo davvero. Perché amiamo starci dentro, socializzare, flirtare. Di solito non amiamo una ragazza, ma il mercato. In mille e uno modi ci fornisce ragazze, il mercato è sempre in evoluzione. Bisogna essere svegli per adattarsi. Trionfa chi si adatta meglio ai gusti e ai canoni del mercato. E vi dico una grande verità. Il mercato e voi siete una cosa sola. Qualsiasi cosa facciate al mercato, la fate a voi stessi.

Nei giorni di pioggia c'è un mercato. C'è sempre. Anche il sale. La pioggia filtra il mercato e solo le vere ragazze della festa escono. Elimina le persone, ma chiarisce le cose. Un numero minore di persone facilita l'interazione e le persone vedono meglio voi e gli altri.

Ognuno ha il suo mercato. Dovete trovare il posto dove c'è una domanda per quello che avete. Fino a 90 anni sono previste transazioni.

Bisogna accettare ciò che il mercato richiede come se fosse Dio. Il mercato non sbaglia. Ti dirò una cosa: puoi avere la ragazza più sexy della tua vita, ma c'è sempre una migliore sul mercato. Non finisce. È magnifico. È fantastico. Adoro il mercato.

# Capitolo 27:
# Concorrenza.

Capita spesso di trovarsi da soli la sera, senza successo, e di vedere persone che ridono con belle ragazze, flirtano e addirittura le baciano. Sono momenti in cui le debolezze possono venire a galla e ci si sente un fallimento. La cosa da fare è mantenere la calma, avere **fiducia nelle proprie capacità** e non essere invidiosi di nulla. Al contrario, siate felici per i ragazzi che hanno successo. Siate tranquilli, questi sono momenti normali della notte e non devono influenzarvi, perché sono un buon segno. Il successo può arrivare nella prossima interazione.

I successi degli altri devono servire a spronarvi a raggiungere i vostri.

Inoltre, pensate che voi siete uno e gli altri possono essere 3000. Non puoi provarci più di tutti gli altri messi insieme. E quante volte ti hanno visto provarci?

Le menti deboli possono crollare in questo momento, deprimersi e tornare a casa, quando in realtà il mercato sta dicendo che c'è interazione e successo. È un momento in cui i forti sono separati dai deboli e voi dovete stare con i vincitori e provare con fede ed entusiasmo.

Alla fine tutto si riduce alla selezione naturale, forti e deboli, bisogna resistere. La notte è lunga e bisogna rimanere il più a lungo possibile alla ricerca della propria occasione.

Vince chi resiste.

# Parte V
# Pulire la mente

# Capitolo 28:
# Visualizzazione pratica.

Quando due persone interagiscono, finisce per prevalere quella con la realtà più forte e solida, quella con le convinzioni più potenti. Abbiamo già dedicato un altro capitolo alla mente, ma dobbiamo sottolineare che questa è una battaglia di menti. Bisogna impegnarsi anche nel tempo libero:

- Praticare l'arte della visualizzazione.
- Per ricordare i vostri successi.
- Prendere coscienza delle proprie qualità.
- Per esercitarsi con la voce.
- Guardarsi allo specchio.
- Da apprezzare.
- Ripetere frasi positive.

Ho passato ogni giorno a pensare al momento della partenza e a quali spettacoli avrei fatto quando sarei partito. Quando è arrivato il momento, ero già super preparata. Perché l'avevo visto nella mia testa molte volte durante la settimana.

Bisogna anche ricordare cosa succede ogni sera che si esce. Rendersi conto degli errori commessi. Quelli che non avete inserito. Quelli che hai sbagliato ad entrare. Che brutta scelta di posto. La mancanza di fiducia a un certo punto. La mancanza di chutzpah in un altro momento. Rivedete tutto e visualizzate come avrebbe dovuto essere.

# Capitolo 29: Eliminare le convinzioni negative.

Tutto ciò di cui parlerò in questo capitolo e in altri è programmazione neurolinguistica. Una scienza molto interessante, che ci permette di programmare la nostra testa affinché si comporti secondo ciò che vogliamo essere.

Molte cose ci sono state e ci sono state messe in testa. Il risultato di anni e anni di pensieri sbagliati o di frasi sprezzanti che ci sono state riversate addosso. Siamo stati programmati per essere ciò che siamo ora. Ci sono molte idee negative e limitanti che abbiamo su noi stessi, che non sappiamo nemmeno che esistono.

Prima di programmare qualcosa di buono, dobbiamo liberare la mente da queste idee. Siamo nati come un potenziale per tutto, senza limiti. È la società che, dicendoci migliaia di volte di no, ci trasforma in persone normali.

Va detto che ci vuole pratica. Non si tratta di farlo una o due volte. È esercitarsi spesso finché non si cambia davvero. Il cervello è abituato a pensare nel modo in cui ha sempre pensato.

La PNL apre nuovi modi di pensare. Bisogna camminare lungo di esse per allargarle, altrimenti si chiudono. Esercitarsi ogni settimana almeno due volte. Fatelo almeno 21 volte. Finché non diventa un'abitudine.

**Primo. Ci mettiamo in uno stato di rilassamento.**

Per farlo, respiriamo lentamente, rilassandoci sempre più profondamente a ogni respiro. Tratteniamo il respiro per 4 secondi e lo rilasciamo. Facciamo circa 15 respiri in questo modo. Lasciate che la vostra mente si svuoti. In questo stato di rilassamento, il subconscio è ricettivo alle informazioni che gli forniamo e le accetta come reali. Per maggiori informazioni, leggete i libri sulla programmazione neurolinguistica.

**Secondo: tecnica dello schermo.**

Immaginate uno schermo cinematografico. Ecco a voi.

Vedrete tutti quei momenti della vostra vita in cui qualcuno vi ha sminuito e vi siete sentiti feriti, piccoli. Tutte quelle cose che vi sono state dette, che sono state limitanti. Probabilmente sono stati i genitori, la scuola, gli amici. A volte vengono dimenticati, ma con il rilassamento vengono a galla. Siate aperti a ricevere questi ricordi.

Vedere la situazione in dettaglio. Arrabbiarsi. Seguire l'intera scena. Visualizzare dall'inizio alla fine. Non limitatevi a vedere, odorare, sentire, toccare, ma usate tutti i sensi nella visualizzazione.

Ci si guarda sullo schermo dall'esterno. Ora entrate nel personaggio anche in prima persona. Come nei videogiochi, non si può vedere il proprio corpo. Fate così, finché non avrete l'impressione che sia reale.

Ora uscite dallo schermo e immaginate che lo schermo diventi sempre più piccolo. Sta andando lontano. Man mano che lo schermo diventa sempre più piccolo, la sensazione di frustrazione e di sconforto diventa sempre più piccola. Lo schermo è un punto lontano e alla fine scompare portando con sé tutti quei sentimenti negativi. Sottolineate questa parte. Si allontana. Addio, addio. Porta con sé tutte le cose negative. Si rimane con un senso di sollievo, pace e amore. Prendetevi tutto il tempo necessario per farlo. Quando lo si è visto chiaramente. Emozionatevi, rallegratevi, è così reale. Pulizia effettuata.

**Terzo. Reimmaginare lo schermo cinematografico.**

Rivedrete tutti quei momenti della vostra vita in cui qualcuno vi ha sminuito e vi siete sentiti feriti, piccoli. Ma ora vedete quella persona che vi ha ferito comportarsi nel modo in cui avrebbe dovuto comportarsi. Trattandovi bene, sostenendovi, dandovi amore. Se quella persona sapesse il male che ha fatto, non l'avrebbe fatto. Voi li perdonate. Siate presenti finché questo nuovo ricordo immaginato non sarà il più reale possibile. Ora è il momento di ricordarli come avrebbero dovuto essere e allo stesso tempo di perdonarli. Il perdono è salutare. Se vi commuovete, tanto meglio. Quanto più è emozionale, tanto più avrà un impatto sul vostro subconscio. Si ripercorre l'intera scena. Salutateli, uscite dallo schermo e tornate qui.

Sostituzione dei souvenir effettuata.

**Quarto. Accettare che ciò che si è visto è reale.**

Sentirsi bene. Pulire la spazzatura mentale.

# Capitolo 30: Formazione del concetto di sé con la pnl.

Per avere successo sul mercato, dovete avere in testa un concetto di voi stessi come: il migliore, speciale, magico, nato per questo. Credere di essere speciali. Dotato di capacità di sedurre, di piacere. Essere desiderosi di agire.

Vi assicuro che se riuscite a infondere questo in voi stessi, il resto verrà da sé.

Mentre pensiamo, parliamo. Mentre parliamo, agiamo. I pensieri dominanti si riflettono nel nostro linguaggio del corpo. Sappiamo che il 55% della comunicazione è costituito dal linguaggio del corpo. Vedranno ciò che trasmettete attraverso un linguaggio del corpo attraente e sicuro.

Per diventare una persona con un alto concetto di sé, dovrete fare i seguenti esercizi:

**1 Fare affermazioni.**

Scriveremo almeno dieci frasi positive, che concentrino le qualità che volete trasmettere.

Poi ci mettiamo in uno stato di rilassamento. Per farlo, respiriamo lentamente, inducendoci a un rilassamento sempre più profondo a ogni respiro. Tratteniamo il respiro per 4 secondi e lo rilasciamo. Fate circa 15 respiri in questo modo. Lasciate che la vostra mente si svuoti. In questo stato di rilassamento le ripetete. Ogni giorno. Così per almeno un mese. Finché non li conoscete a memoria e li avete in testa al momento dell'azione. Queste affermazioni positive devono essere pronunciate in prima persona, essere brevi, ambiziose e chiare. Ad esempio.

- Sono un magnifico seduttore.
- Le ragazze mi vogliono per il mio carisma.
- Mi piace portare qui le ragazze e loro lo apprezzano.
- Posso fare tutto.

**2 Esercitare la voce e la dizione.**

Lo farete leggendo libri ad alta voce, vocalizzando perfettamente, intonando bene e cercando di dare alla vostra voce un tono attraente e leggermente lento. Fatelo per almeno 10 minuti al giorno, finché non otterrete una voce piacevole e attraente.

**3 Praticare la visualizzazione magica.**

Ciò che crediamo accade. Attiriamo ciò che pensiamo. Quindi tutto ciò che accade all'esterno è un riflesso della nostra mente. Quindi alleniamo la mente.

Si compone di quattro fasi.

**Fase 1** Entrare in uno stato di totale rilassamento. Il subconscio sarà ricettivo alla programmazione che gli mettiamo dentro, che si tratti di affermazioni o visualizzazioni.

**Fase 2**: sapere cosa vogliamo.

A questo punto penso che sia chiaro per noi.

**Fase 3**: tecnica dello schermo.

Immaginate uno schermo cinematografico. Ecco che appari, interagisci magnificamente con le ragazze. Comportarsi come la persona ideale che si vuole essere. Vedete nel dettaglio i vostri vestiti, i vostri movimenti, come entrate in casa loro, come vi accettano. Ridono, si divertono con voi. Gli dici cose divertenti e sconce. Vi guardano con stupore. Si segue tutta la scena. Visualizzare dall'inizio alla fine. Tutto meraviglioso, tutto come si vuole che accada. Si può vedere tutto quello che si vuole vedere, entrare in loro, baciarli, fare sesso. Non limitatevi a vedere, odorare, sentire, toccare, ma usate tutti i sensi nella visualizzazione.

Si guarda lo schermo dall'esterno. Ora entrate nel personaggio in prima persona, come nei videogiochi non vedete il vostro corpo. Procedete in questo modo finché non avrete l'impressione che sia reale. Osservare la scena per almeno 15 minuti. In terza e prima persona, ripetere più volte dall'inizio. Superare tutti gli ostacoli. Riuscire. Quando l'avrete visto chiaramente. Entusiasmatevi, rallegratevi.

**Fase 4**: accettare che ciò che si è visto è reale e comportarsi come se lo si fosse già raggiunto.

È una magia. Il subconscio è stato programmato. È come se l'aveste fatto davvero, perché il cervello non distingue tra l'immaginario e il reale. Le cose stanno così. Quindi, potete allenarvi nella vostra testa a fare quello che volete. I risultati sono gli stessi che si otterrebbero se si facesse sul serio. Questo è dimostrato da esperimenti scientifici.

La visualizzazione magica presenta due vantaggi. Programmiamo la mente e attiriamo ciò che pensiamo.

Leggete "Il segreto". D'ora in poi fate attenzione a ciò che pensate. Il prezzo della grandezza è la responsabilità del pensiero.

# Parte VI
# Sedurre

# Capitolo 31: Fasi della seduzione.

Iniziamo con la pura e semplice seduzione notturna. Quella più praticata dagli eterosessuali liberi e vivi. È la seduzione per eccellenza. La base di tutto.

Questo segue le fasi stabilite, che sono:

ESISTONO DUE SISTEMI:

**Indiretto**. Adatto alla maggior parte delle circostanze. Potrebbero esserci dei salti temporali, perché non sempre tutto si realizza in una volta sola. Ma lo schema è lo stesso.

**Diretto**. Più rischioso e realizzabile quando percepiamo un grande vantaggio da parte nostra. Praticato dal principiante e dal potente seduttore che riesce a chiudere in pochi minuti.

Ricordate che la prima persona che dovete sedurre è **voi stessi**. Se vi piacete, sarete apprezzati.

# Capitolo 32: Emana attrattiva.

**E**manare, cioè trasmettere le proprie caratteristiche di attrattiva. Queste caratteristiche sono le stesse che utilizzo per valutare le scuole. Siate attraenti in ogni momento, in ogni situazione della vostra vita. **Non si tratta di essere attraenti, ma di essere.**

- **Deportato.** L'abito, l'aspetto fisico, i gesti eleganti.

- **Carisma.** Far sentire le ragazze speciali, essere apprezzate. Siate qualcuno a cui piace stare con lui.

- **Wit.** Facilità di parola per argomentare, confutare obiezioni, vendersi bene.

- **Spudoratezza.** Trasmette alla ragazza cattiveria e sfrontatezza. Essere disinibiti nell'affrontare le questioni sessuali. Posizionarsi in una posizione di potere o con un'alta autostima. Chiedere facilmente.

- **Resistenza.** Capacità di mantenere una distanza emotiva dalla ragazza. Sentirsi il premio. Capacità di sacrificare e limitare gli appuntamenti o il tempo con lei, anche se lui vuole stare con lei.

- **Naturalezza.** Capacità di essere visti come non minacciosi, di dare fiducia.

Si tratta di un aspetto trasversale, che viene svolto in tutte le fasi: localizzazione e ingresso, mantenimento della posizione e chiusura. Continua in ogni interazione dopo la chiusura.

Solo il 7% della comunicazione è costituito da ciò che viene detto, il resto è costituito dal linguaggio del corpo (55%) e dalla voce (38%).

Per aumentare la vostra attrattiva e trasmettere in modo subliminale che siete un uomo di grande valore, fate questa pratica.

**Ascolto attivo.**

Ascoltate con attenzione. Dimostrate di essere attenti e di aver compreso le sue parole. Guardarla negli occhi, annuire. Dimostrate che è una persona speciale e che merita tutta la vostra attenzione. Questo dà un tocco di gentilezza molto piacevole.

**Usate una voce sexy:**

- Parlando più lentamente.
- Tono basso.
- Sottolineare.
- Volume modulabile generalmente un po' più alto del normale.
- Provare la lettura ad alta voce. Intonare.

**Avere un linguaggio del corpo che denota sicurezza:**

- Espandere, occupare molto spazio.
- Guardateli negli occhi fino al 70% del tempo, non di più.
- Sottolineare le parole con i gesti. Ad esempio, la mano destra semiaperta fa un taglio nell'aria per dare più forza a ciò che viene detto.
- Gestisce un po' più degli altri.
- Evitare di incrociare le braccia, assumere posizioni aperte.

- Siate rilassati e fluidi. Evitare le tensioni muscolari.
- Mantenere la schiena dritta.
- Sorride, ma non sempre e non a tutti.
- Camminare in piedi.
- Sporgetevi verso l'interlocutore.
- Evitare di suonare il tamburo con le dita.
- Usare il rapporto con gli altri.
- Mostra i palmi delle mani.
- Muoversi lentamente.
- Prendete tempo per rispondere. Sfruttate i silenzi a vostro vantaggio.
- Socchiudere gli occhi, rilassando le palpebre. Questo è il cosiddetto look seduttivo. Sguardo sorridente con occhi stretti.

Emanano sempre attrattiva, poi a queste caratteristiche se ne aggiungeranno altre più specifiche nella fase di attrazione. Si uniranno a questi e aumenteranno al massimo la nostra attrattiva.

# Capitolo 33:
# Individuazione e
# inserimento.

E mana le qualità del secondo zero. Questo attirerà alcuni di loro senza bisogno di andare a parlare con loro. Vi avranno iscritto. Quando entrerete, saranno ricettivi nei vostri confronti. Vedere se guardano. Se guardate con attenzione, eviterete di precipitarvi. In questo modo si risparmia il tempo sprecato per una registrazione infruttuosa. Osservate attentamente se qualcuno di loro vi ha preselezionato. Allora c'è la possibilità che lo facciano.

Ci sono opportunità che non avete visto e che non avete sfruttato perché vi siete infilati in quella. Siate intelligenti, selezionateli in modo rapido ed efficace. I gruppi chiusi, in cui sono tutti cerchiati verso l'interno, sono negativi. Evitateli. Devono essere ragazze singole, o due, o tre, o ragazze rivolte verso l'esterno e con un linguaggio del corpo aperto. Osservate i loro gesti. Se ballano, bene. Se saltano, tanto meglio. Più si muovono, meglio è. La pratica vi insegnerà quali inserire.

Un errore che fanno i principianti è quello di **entrare da lontano.** Questo li mette sulla difensiva, perché non lo vedono come naturale. Si accorgono che si va deliberatamente a prenderli con loro. Questo riduce drasticamente le possibilità. La gente non vuole che le si venda nulla. Troppo palese. Solo un grande maestro può farlo.

È necessario individuare il gruppo appropriato, recarsi lì senza perdere tempo e posizionarsi accanto a loro. Non entrate direttamente. Si fa una pausa. Ed ecco che in meno di 5 secondi si cerca una scusa per parlare. Qualcosa che non li metta sulla difensiva. Qualcosa che sembri naturale, logico, il risultato dello spazio ristretto in cui ci si trova, o qualcosa di spiritoso.

Andare al bar è una buona tecnica. Chiedete se vi permettono di ordinare. Un altro buon posto è la coda della toilette. Non se ne andranno. È un ottimo posto per chiudere. È lontano dalla folla, è più intimo e discreto. Potete andarvene, oppure farvi calpestare al pub e farla parlare con voi e scusarsi. A volte uso anche la tecnica di stare vicino e farla urtare, con gli stessi risultati.

Dovete avere la testa veloce, per trovare la prima cosa divertente che vi viene in mente sulle circostanze del sito. È importante che sia divertente. Se riuscite a farla ridere, tanto meglio. Poi, senza preavviso, sorprendendoli, sorprendendo anche voi stessi, l'avete già conquistata. Non pensate, agite!

Bisogna entrare e parlare, anche solo per mantenere alte le proprie qualità. Anche se la ragazza non vi interessa, la seduciamo comunque. Perché quella, dopo di lei, può portarne altre migliori. Anche se non la prendiamo mai davvero in mano, ci esercitiamo sempre.

# Capitolo 34: Il minuto critico.

C'è un primo minuto critico, in cui bisogna dare il massimo con tutta l'energia, l'umorismo e l'arguzia. Dovete superarlo e le vostre possibilità aumenteranno all'infinito.

Entrate, ve la cavate abbastanza bene, ma dopo qualche frase la ragazza se ne va o vi saluta. E non è possibile seguire le fasi successive.

È terribile, è devastante. No, no, no, no, non lasciare che accada. È importantissimo andare avanti.

Continuare, non mollare. Per agganciarla bene, dovete entrare con **grande energia** e usare la vostra arguzia e la vostra conversazione. Se resistete per questo minuto, state già generando benessere. **Tenete duro in questo minuto cruciale**, tutto dipende da questo.

Molte, moltissime interazioni non passano questo minuto. Per superarlo, procedete in questo modo.

Proietta energia, alta energia, dinamismo, risoluzione. Entrate in campo forti e fiduciosi.

Prendeteli:

- Con umorismo.
- Sfruttare le circostanze locali come scusa
- Fa emergere argomenti di conversazione.

Non lasciatela andare, per l'amor di Dio! Devi agganciarla. In caso contrario, tutta la vostra saggezza non servirà a nulla, perché non avete avuto abbastanza tempo per far sì che la vostra attrattiva e la vostra conoscenza abbiano effetto. Mantenete la posizione a tutti i costi!

# Capitolo 35: Non mollate la presa!

Si compone di due parti ed entrambe vengono eseguite contemporaneamente:

- Creare comfort e complicità.
- Creare attrazione.

**Creare prima di tutto comfort.** Ascoltatela, chiedetele delle questioni che la appassionano, ascoltatela, ascoltatela, ascoltatela. È necessario connettersi. Se lei non solleva argomenti appropriati, sollevateli voi. Lasciatela prima rilassare e parlare, poi fatele delle domande e introducete un po' alla volta l'umorismo e l'arguzia nella conversazione. **Chiedete, chiedete, chiedete e fatela sentire ascoltata.** Mantenete il mistero su di voi. Le domande che denotano fiducia sono buone. Non preoccupatevi, ci sarà tempo per vendersi. È importante non passare alla vendita di se stessi finché non si sente a proprio agio e non è interessata a conoscervi.

**Creare complicità.** È molto importante creare un legame con la ragazza. Guardatela negli occhi, sorridete, mettetevi dal suo punto di vista, fate come se la conosceste da sempre. Fate in modo che sembri che la comprendiate e la proteggiate. Siate cordiali, simpatici, piacevoli, preoccupatevi per lei e siate attenti e sicuri di voi stessi. Creare complicità con battute e frasi che esaltino questa unione. Trasmetterete con tutte le vostre azioni protezione, comodità e complicità.

Ma tutto questo viene fatto **da un livello superiore** di protezione e affetto per la ragazza. Lasciatele pensare che siete lì totalmente sicuri e a vostro agio perché dovete essere abituati a frequentare ragazze di qualità. Questa vostra calma le fa capire che non è una sfida per voi, perché non siete nervosi o insicuri. Perciò lei vi percepisce come un ragazzo interessante e di valore. Non ci stai provando con lei e non sembra che tu ci stia provando o le stia vendendo qualcosa. Non avete paura di lei, vi piace giocare con lei. E vede anche che siete gentili, protettivi, amichevoli e divertenti.

Interagire con lei è una sorta di divertimento per voi. Il fatto che lei vi veda sicuri di voi e naturali sarà di grande attrazione per lei. Fate battute e lanciatele occhiate maliziose. Se lo fate alla perfezione, non dovrete vendervi troppo, sarà lei a venire da voi.

**Creare attrazione**. L'attrazione sarà generata più dai vostri gesti e dal vostro atteggiamento che da ciò che dite. Siate fiduciosi e aperti. Usate l'umorismo, trasmettete sfrontatezza, fate capire che non state cercando di flirtare. Siate spiritosi. La attireremo anche con il linguaggio del corpo che abbiamo grazie al concetto di successo di sé.

In termini di ciò che diciamo, dobbiamo trasmettere una vita interessante Racconteremo cose, ma lasceremo gli argomenti nel mistero. Vogliamo che sia interessata e che voglia saperne di più. E noi glielo diamo a goccia a goccia. Dobbiamo avere carisma. Per piacere. Se vi piacete, vi piacerete.

Genereremo attrazione trasmettendo queste qualità attraverso il nostro linguaggio parlato e corporeo:

- Disimballaggio.
- Capacità di generare relazioni.
- Divertimento.
- Sicurezza.
- Attraente. È una sensazione attraente. Se ci si pensa bene, si può vedere il progetto.
- Mostrare interesse per la persona.

- Conversazione interessante.
- Disinteresse a sedurla, perché pensate che non sia abbastanza per voi. Con questo proiettiamo l'idea "Io sono il premio".
- Capacità di calibrare la dose di rocambolismo e sfacciataggine. Questa caratteristica è quella spiegata in emanazione. Il dosaggio deve essere intelligente. Può variare dalla sfacciataggine vera e propria al fare finta di niente, a seconda dei casi, o quando si va fuori di testa.

Più esperienza, più sfacciataggine, perché tutto si semplifica. Queste qualità, dovete emanarle nell'interazione.

Questa è la fase più importante. È qui che dovete concretizzare tutto ciò che avete visualizzato nel vostro allenamento mentale. Dove dovete stupire, abbagliare, stupire, stupire, sbalordire con la vostra potenza.

Devi essere il primo fan di te stesso. Dovete essere desiderosi di trovare quell'opportunità, di concretizzare tutto ciò che sapete di avere. Bisogna credere di essere una leggenda.

Dovete anche trasmettere molto chiaramente l'idea di non essere bisognosi. Sei un ragazzo a cui piace parlare e ridere con le persone, **che non cerca un aggancio, che si** diverte e scorre.

**Siete sempre all'avanguardia**. Questo è il concetto più importante di tutta la vostra programmazione mentale. Dovete pensare di valere più di loro. È molto importante che ci pensiate e che lo assimiliate bene. Bisogna trasmetterlo molto finemente. Non fate mai sentire la ragazza a disagio a causa di questa trasmissione. Per esempio dicendo che ci sono uomini interessanti per lei, ma senza proporsi.

A volte penserete che la ragazza è sexy e voi siete piuttosto normali. Bisogna pensare in modo non fisico, con una personalità attraente e interessante. Tu ce l'hai e lei no. Pensate che la combinazione del vostro fisico e della vostra personalità è sempre più potente. Se non lo fate, siete perduti, perché le ragazze non vorranno andare con qualcuno che considerano inferiore a loro.

Perché a noi piacciono le ragazze molto belle. Dobbiamo ottenere una personalità così forte da avere più valore della sua bellezza.

Se avete visto che la ragazza mostra molto interesse per voi. Cioè, se siete entrati in contatto e c'è stata una conversazione vivace, in cui vi siete dimenticati di ciò che vi circondava e vi siete sentiti molto bene e a vostro agio con lei, la stessa cosa è successa a lei! Queste cose sono sempre reciproche.

Si è creato quello che si chiama **"rapport"**. I vostri gesti sono simili ai suoi e vi siete sincronizzati vocalmente e posturalmente. Si chiama anche "effetto specchio", il che significa che siete posizionati simmetricamente in modo che lei assomigli al vostro riflesso in uno specchio. Copia la vostra postura. Se non la imita, mettetela in sintonia con voi imitando la sua postura. Accompagnare significa imitare la sua postura, e questa sarebbe la prima cosa. Condurre significa fare gesti e posture e farli imitare. Se lo fa, è connessa a voi.

Identificare i gesti che rivelano interesse per valutare se è ricettiva alla chiusura, come ad esempio:

- Toccarti.
- Mettete le mani sui fianchi.
- Inumidire le labbra.
- Ti guarda intensamente.
- Una grande vicinanza a voi.
- Mostrare le bambole.
- Accarezzare un oggetto cilindrico.
- Giocare con la scarpa.
- Toccare i capelli.
- Strisciando contro di voi.
- Mi appoggio molto a te.
- Ridere molto.
- Guardate la vostra bocca.

- Muovete rapidamente gli occhi su tutto il viso.
- Muoversi.
- Mostrare il collo.

Per me, il segno più evidente è quando, in un momento di umore, si china verso di voi e vi tocca o si avvicina molto. Allora è il momento giusto per abbracciarla.

Entrambe le fasi di attrazione, comfort e complicità si sovrappongono, potremmo dire che nello stesso momento in cui generiamo comfort e complicità creiamo anche attrazione. Non si tratta di due fasi sequenziali, ma tutte devono procedere insieme.

Lei si sente a suo agio e attratta da voi ed è il momento di "intensificare e andare avanti" nell'interazione. Non rimanere bloccato nell'essere un ragazzo interessante, che non fa nulla. Devi chiudere!

# Capitolo 36: Chiusura.

Dopo tutte le buone vibrazioni e la fantastica sensazione di connessione. State per chiudere. Il tentativo di chiusura, senza aver stabilito una connessione, è un fallimento certo. Perché abbiamo optato per il sistema indiretto, che è più lento e richiede un comfort e un'attrazione precedenti per chiudersi. Con il sistema diretto le cose cambiano.

Si può fare la chiusura provandoci con lei, e poi, in un sacco, che sarebbe una buona combinazione, o direttamente in un sacco. Se le cose non vanno bene o notate che è un po' distante, chiudete il rapporto con una telefonata. Oppure non fare nulla e andarsene nel momento migliore per farle venire più voglia di te.

Prima eravamo spensierati, ora l'abbiamo rapita e non saremo nemmeno dei mostri. Ci sacrifichiamo, la accontentiamo e la baciamo per farla stare bene. È per lei.

**Vicino al sacco.**

A tal fine, non c'è niente di meglio che mantenere le distanze. Sussurrarle cose strane all'orecchio, annusarla, toccarla molto di più. Avvicinarsi a lei, prenderla per mano. Mettete la mano sulla sua vita. È una tecnica talmente buona che se si tiene la mano lì, il bacio avviene in pochi secondi. Si crea una **tensione sessuale** che non può essere sopportata a lungo. Abbracciatevi, dall'abbraccio al bacio si passa molto velocemente. Toccatele il viso con affetto. Date amore e riceverete amore. Baciarle il collo. Punta sulle labbra. Come vedete, adattatevi. Non chiedere, fai!

Possono succedere due cose: tu la baci, poi si passa al punto di chiusura sessuale. Oppure non la baci e lei ti dà il cobra. Allora.

Tieni duro!

Se non fosse interessata a te, se ne andrebbe. Rallentate e smettete di provarci per un po'. Tornate all'umorismo e alle buone vibrazioni. Non mostrate mai frustrazione. Poi, quando è sprovveduta, all'attacco successivo, la bacerai perfettamente.

Mettetevi in posizione di attacco, chiudete la distanza in modo da poter entrare in contatto di sorpresa. E attaccare. Se si stabilisce un contatto, si lascerà andare. Qui bisogna fare pressione su di lei. No, non si tratta di molestie. È una piccola forzatura. Una piccola spinta.

Se stavolta dice di no o si gira dall'altra parte, è lì che dovete lasciarlo, per non essere una seccatura.

Signore femministe, facciamo due tentativi. Una in cui vi girerete dall'altra parte, non per rifiuto, ma per rendervi interessanti. E la seconda in cui, sì, dovreste andare. Anche tre tentativi al massimo, cosa mai fatta da me, ma accettabile. Se non è d'accordo, vattene, le femministe avranno ragione e tu la molesterai.

**Chiudere il cerchio colpendo i loro avversari.**

Qui si insinua all'inizio e poi si attacca. La considero una tecnica un po' peggiore, perché si mostra più insicurezza.

Si capisce subito che è una ragazza molto bella. Che ti piace, che ha delle belle labbra, che ti piace il suo sorriso. O che è carina.

Questo dovrebbe farla sentire un po' imbarazzata e timida ed è un segno che le piacete. Se dice grazie e rimane fredda, è una cosa negativa. Poi non vuole più essere avvicinata. Fermatela e tornate a un'interazione confortevole e bonaria. Emanate la vostra attrattiva con più forza, attraverso gesti corporei di fiducia e leadership.

Non è molto conveniente rimanere su questa strada per troppo tempo, perché state rafforzando il suo ego. A un certo punto, quando ci darà fiducia, dovremo passare a una chiusura completa. Non si può baciare con le parole.

**Blocco telefonico.**

È possibile lasciare la richiesta per il telefono, che è più leggero. Il mio consiglio è quello di andare avanti. Non limitatevi a fare una buona performance o a ottenere un telefono. Se puoi baciarla, baciala, se puoi sdraiarti, sdraiati. Più si fa, meglio è.

Siate coraggiosi. Gli audaci vengono premiati. Non si tratta di pedinare come un bastardo, ma di toccare, alludere, sessualizzare il linguaggio, provarci, persino dirle apertamente - vorrei baciarti - o baciarla direttamente.

Sessualizzare il linguaggio significa evocare cose sessuali per farle pensare al sesso. Questo può farle venire voglia di fare sesso.

Non vergognatevi di nulla e non rimpiangete nulla. Se avete fatto quello che ho detto sopra, avete fatto quello che dovreste fare. Non siamo uomini senza pene. È naturale quello che stiamo facendo, è così che vuole la vita!

Se si ascoltano le tendenze prevalenti nei media, tutto è molestia, tutto è abuso e tutto è maschilismo. Dovresti chiedere il consenso scritto per baciarla e tutta una serie di cose ridicole. Non smascherate voi stessi.

**Chiusura sessuale.**

L'hai già baciata. Vi siete scambiati qualche soffice pomiciata. E nonostante la passione, non si va oltre. Quindi, non ne vuole più. Lasciatelo per un altro giorno. Se quel giorno non reagisce dopo averci messo più passione, vuol dire che non si sente a suo agio, che non le piaci o che ha paura di qualcosa. Chiedetele cosa c'è che non va.

Se non chiarisce le cose dicendotelo, lasciala. Se ti dice cosa sta succedendo, risolvi il problema e vai avanti. Se persiste nel chiudere la porta, lasciatela.

Ti ha infilato la lingua in gola e hai notato che era molto calda. Ascoltate allora, sarete degli sciocchi se ve ne starete lì impalati. Quello che avete iniziato dovete portarlo a termine. Così le dici semplicemente di venire a casa tua per continuare ad ascoltare la musica, o che ti piacerebbe dormire con lei.

Se dice di sì, non succederà nulla. Dovete sapere che vi sta dicendo questo per lo stesso motivo per cui vi ha lasciato la prima volta. Per fare il difficile. Perché la società maschilista l'ha educata così. Naturalmente, diteglielo voi! Certo che no.

Poi a casa, finora, nessuno di loro ha detto di no, e fanno la parte di quelli difficili. Giocano un po' il ruolo di quelli difficili. È il cosiddetto fattore crostata. Si potrebbe pensare. È colpa del maschilismo, che impone che sia sbagliato fare sesso il primo giorno.

Sono una femminista, una liberatrice da queste idee superate. Fortunatamente, sempre più spesso questi atteggiamenti obsoleti stanno venendo meno. E molto presto non esisteranno più.

Oggi non hanno il minimo problema a dormire con voi la prima notte. Prima dicevano di non andare a letto con gli estranei, ma di te dicono: "Non sei un estraneo, sei come un amico di una vita".

Bene, allora è tutto. La si porta a casa o si va a casa sua e le si offre un sesso spettacolare. Il meglio che sapete fare. Fai uno sforzo, fai uno sforzo, che le piaccia.

Quel giorno lo avrete. Anche se sembra che ci sia una super connessione e che lei sia adorabile e meravigliosa. Forse non la vedi più. Perché vuole fare sesso solo quella sera. È la tua occasione, la cogli e ne esci pulito.

Quante volte sembrava che sarebbe stata una ragazza meravigliosa e non si è più fatta vedere! O era sposata o aveva un fidanzato. Cogliere l'attimo.

**Ritardo nella chiusura sessuale.**

La chiusura sessuale non avviene sempre al primo appuntamento o di notte, molte volte si ha un bacio di chiusura e quello che si deve ottenere è portarla in un luogo privato dove nessuno possa vedervi nei futuri appuntamenti. Non deve essere necessariamente al secondo appuntamento, ma quando si è creata una forte tensione sessuale. Può essere la vostra casa o potete anche praticare la modalità di chiusura sessuale in natura, che è la mia preferita.

Potete portarla su una spiaggia deserta dove non c'è nessuno o in un bosco o in un fiume o in un luogo e lì potete far progredire il vostro rapporto con lei baciandovi, toccandovi e persino facendo sesso per la prima volta. Con l'aggiunta della morbosità di essere in pieno giorno. Consiglio anche di prendere qualche birra e del cibo e di passare la giornata mangiando, bevendo, baciando, ridendo, facendo il bagno e facendo sesso nella natura. Anche in inverno l'auto va bene e con la scusa di ascoltare la musica potete portarla in un posto solitario.

Il punto è portarla in un luogo dove non c'è nessun altro e dove si riuniscono i parametri necessari, la privacy, la festa, l'alcol e una forte attrazione.

o

# Capitolo 37: Chiusura diretta.

Errori indiretti del sistema.

A volte è meglio passare direttamente alla chiusura. Saltare tutto o quasi.

Ci sono errori in ciascuna delle fasi, analizziamoli.

**Errori nella fase di "localizzazione e inserimento".**

A volte ci sono pochi ricettivi e non si riesce a entrare. Sbagliato. Bisogna entrare, anche se non si è ricettivi. Altre volte si esce e, tra l'entrare in sintonia e l'iniziare a entrare, passa molto tempo senza interagire. È necessario inserire molto di più. Ci sono notti in cui non si entra abbastanza ed è molto difficile.

**Errori nella fase di "mantenimento della posizione".**

Spesso vi vengono concessi solo pochi secondi a causa delle circostanze, della mancanza di interesse o perché siete a corto di energie. E non avete tempo per fare tutto. Creare comfort, complicità e attrazione. Non si aggancia.

Altre volte, se ci si aggancia ma si rimane bloccati. Bla, bla, bla, senza malizia e senza interesse a rimorchiare con lei. Non trasmetti che vuoi rimorchiare con lei. È solo una conversazione senza attrazione.

**Errori nella fase di "chiusura".**

L'errore è solo uno, non avete provato a chiudere perché non ha funzionato. Mancava la malizia.

Spesso tutto è più semplice e diretto. E si può saltare la fase di mantenimento della posizione. Si va a chiudere, proprio così. La sorprendi. Si entra con la massima energia, prorompente, travolgente. Lei lo percepisce e le piace questa sicurezza. Se è scioccata dal vostro ingresso. Si può e si deve saltare la lenta e talvolta insipida fase di mantenimento. E si passa direttamente alla chiusura.

Gli dici: "Sono venuto per te", e lui ride.

Siete più vicini al successo che mai, e senza tanti sforzi. Sei sicura di te e impertinente e incredibilmente molte ragazze sono lusingate e flirtano con te. Più di quanto pensiamo accetta la proposta e la prende in un batter d'occhio. È meglio che fare diverse prese di posizione che non vanno bene. Le ragazze apprezzano e gradiscono che siate così sicuri di voi stessi. Esercitate la chiusura diretta quando sembrate potenti, siete stati preselezionati o la vedete impressionata. È più veloce, più facile, più potente. Non nascondete nulla. Si va avanti con coraggio. Spesso funziona. Se vi accorgete che mantenere la vostra posizione è lento e costoso, vi ingarbugliate e non riuscite a generare attrazione. Esercitatevi a chiudere direttamente. Si può fallire di più, sì. Anche voi avrete più successo. Bisogna esporsi, essere scomodi, essere coraggiosi. Lo considero un sistema più potente del normale. Fatelo almeno il 25% delle volte.

LA FORTUNA FAVORISCE GLI AUDACI.

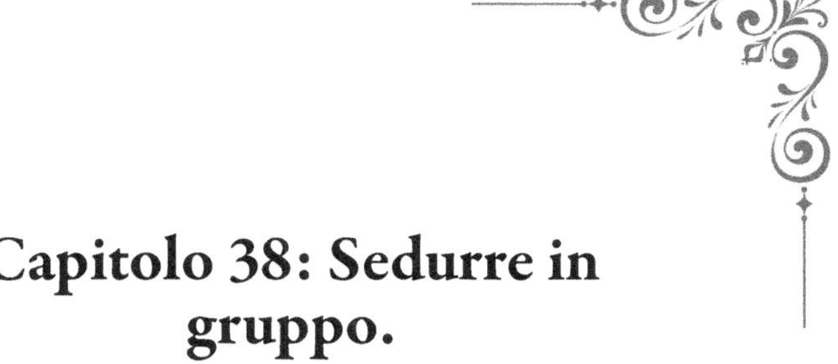

# Capitolo 38: Sedurre in gruppo.

In questo caso vi consiglio di nascondere le vostre carte e di entrare in una di quelle che non vi piacciono, per rendervi interessanti, e poi parlare con quella che vi piace. O almeno parlare con tutti loro. Se mostrate interesse specificamente per una di esse, lei se ne accorgerà. Quindi, concentratevi gradualmente su di lei, ma diversificate i vostri interlocutori. Mantenere il gruppo vivace. In caso contrario, uno dei due vorrà andarsene, e il vostro non la lascerà sola, a meno che non provi un sentimento forte per voi.

Dovete essere un tipo affascinante e incoraggiare la conversazione di gruppo. Poi devi isolare la ragazza che ti interessa dalle altre. L'avrete lì con un'attenzione estasiante e gli stessi amici diranno. -Bene, noi andiamo - e tu la raggiungerai. Si può anche andare con tutti loro quando cambiano pub. Seguendo l'interazione con questo che ti piace. In ogni caso, non c'è un gran segreto: siate gentili con le persone e se ci sono ragazze maleducate, sopportatele, fa parte del gioco. Non si può essere cattivi con le persone.

In alcuni casi potete essere sgradevoli, se vi mancano di rispetto. Ma senza arrabbiarsi, con indifferenza.

Se siete in due o tre, ruotate, non scegliete tutti lo stesso. Parlate con tutti, senza litigare per il gusto di parlare. Sarebbe patetico e poco attraente. Non sareste più in corsa. Nemmeno io sono favorevole a scegliere uno scudiero. Un uomo che si toglie di torno le tue fidanzate. Ha diritto anche a quelli buoni.

# Capitolo 39: Seduzione
# in strada e in spiaggia.

Anche se, a causa delle circostanze di svago e di festa, è più comune flirtare di notte, dovreste anche praticare il flirt di strada. In qualsiasi momento della giornata, sempre. Questo ha i suoi vantaggi e svantaggi.

Lo svantaggio maggiore è che si sta molto meno comodi. È molto meno comodo. Di solito non ci si dopa, ma ci si può anche dopare. Bisogna essere più coraggiosi che di notte. Il vantaggio è che li cogliete completamente alla sprovvista e che non immaginano che stiate per colpirli. E se si rendono conto che ci stai provando con loro, tendono ad ammirare il tuo coraggio.

Raccomanderei di andare con qualche scusa. Tutte le ragazze che portano a spasso i cani ne offrono uno.

Al supermercato, in coda, chiedete un prodotto. O su qualsiasi cosa. Oppure per strada, fermate una donna per chiederle informazioni su un posto. Oppure, se avete molta esperienza e coraggio, fatele qualsiasi tipo di domanda aperta per farla parlare.

Siate coraggiosi. Siate coraggiosi. Dite semplicemente cosa pensate di una ragazza che vorreste incontrare. Non adularla troppo. Fate entrare subito il vostro umorismo. Trascorrete il minuto critico.

Non lasciate spazio al no. Se si dice: "Mi piacerebbe conoscerti", è meglio che dire: "Mi piacerebbe conoscerti, se va bene". Nella seconda frase, si offre la possibilità di un no. Anche se è più educato, la spinge a dire: "Non mi dispiace, ma no". Evitate i no, perché vanno nel suo subconscio.

Cosa succederà? Molti vi ignoreranno, altri saranno sorpresi, altri ancora rideranno e penseranno che siete un tipo sicuro e diretto e vi daranno il telefono.

Se vedete che la ragazza è ricettiva e ha riso. Offritele un drink in un bar nelle vicinanze e le cose potranno andare oltre. C'è tempo per chiedere il telefono. Potreste anche riuscire a concludere l'affare in questa interazione. Offrite due possibilità, entrambe vincenti. Tipo, beviamo qualcosa qui o là?

Non perdete le opportunità. Devi pensare che anche tu puoi farle un favore. Che la sua vita è monotona e noiosa e che voi le darete quella scintilla di colore.

Non sentirsi a proprio agio. Uscire dalla propria zona di comfort. Esercitarsi su cose nuove.

Che c'è di male, che non ti ho risposto, che se ne andrà, che problema! Rimarrai come eri! Non ti sei reso ridicolo. Avete raccolto un bagaglio e una faccia tosta.

Cercate di bere qualcosa con lei in quel momento e datele il tempo di rilassarsi e di sentirsi a proprio agio con voi. In mezzo alla strada c'è molta tensione. Rilassatela. Fare una buona impressione. Qui potete invitarla, per rimediare all'intrusione. Dovreste parlare e anche lasciarla parlare. Più lei parla, più si sentirà a suo agio e più voi vi sentirete rilassati. Non mettetevi in mostra, siate normali, naturali, non spaventatela con la vostra eccessiva sicurezza. Di solito si deve parlare e ascoltare più o meno allo stesso modo. Lasciatela parlare di cose, di argomenti con cui si sente a suo agio. Chiedetele delle sue passioni, fatela sentire bene e apprezzata. In questi casi, siate più galanti. Creare prima di tutto comfort. L'attrazione sarà generata più dai vostri gesti e dal vostro atteggiamento che da ciò che dite.

Cosa può succedere se va male? Niente.

Cosa può succedere se va bene? Tutto.

Ci sono persone che si dedicano al flirt sulle spiagge, con il conseguente vantaggio di poter vedere cosa c'è, senza trappola o cartone. Di notte si possono avere molte sorprese spiacevoli. Conosco persone che se la cavano molto bene con la seduzione in spiaggia. In questa modalità bisogna cercare una scusa per parlare con la ragazza e iniziare subito una conversazione divertente e spiritosa. Hai l'enorme vantaggio di guardare il suo corpo mentre le parli e questo ti dà molta morbosità. Una conversazione divertente e si può andare al bar della spiaggia a bere una birra in un'atmosfera più giocosa, o addirittura, se tutto va bene, si può fare il bagno insieme.

Con l'estate, il caldo e i vestiti piccoli, le cose scorrono più velocemente e se c'è una connessione si può chiudere con un bacio proprio lì sulla spiaggia. Se vi chiudete mezzi nudi, le possibilità di fare sesso aumentano ancora di più.

Nei fiumi e nei laghi è la stessa cosa che in spiaggia, e anche se c'è meno gente si ha più privacy e si può andare in giro per i boschi e chi lo sa. Se ci si trova in un luogo solitario, può succedere di tutto.

# Capitolo 40: Fingere di volere una relazione seria.

Questa è l'ultima risorsa. Lo si fa se non c'è altra scelta, ma non mi sembra etico.

Vogliono un ragazzo attraente. Ma in una relazione seria, vogliono che tu **dia loro fiducia**. Vogliono pensare di poter contare su di voi e di fidarsi di voi. Pertanto, il nostro ruolo dovrà essere generosamente modificato per rientrare nella gamma di quelli validi. Questo non è del tutto gradito, ma a volte deve essere fatto. In questi casi dobbiamo essere attori.

Non dovevate entrare in queste relazioni motivate da chissà cosa, ma, visto che la natura incalza, forse questa è la vostra opzione migliore. Quindi si entra.

Pensa che gli stiate insegnando qualcosa sulla vita e che a lungo andare gli farà bene. Sarà in grado di individuare quelli come te che vanno dove vanno loro. Ma non oggi. Oggi siete lì, come il lupo che uccide le pecore. E con un sorriso da un orecchio all'altro. Poi, dopo un po', la lasci e te ne vai.

Fa male. Sì. Ma sarebbe più dannoso rimanere in quella relazione. Più danni faresti a te stesso se rimanessi in quella relazione che ti indebolisce e ti ammorbidisce. Non si può ancora uscire. Si rimane intrappolati senza provare amore, senza provare felicità. È terribile.

Questo non accade mai ai seduttori, perché non stanno con le ragazze solo per stare con le ragazze. Solo quelli che piacciono a loro. Ma gli uomini normali, le masse, lo fanno.

In breve, se possiamo evitarlo, lo evitiamo, e se non lo facciamo mai, tanto meglio. Meritano il nostro rispetto e sono persone con sentimenti.

Se lo fate, fate in modo che sembri che ci abbiate provato davvero e che non abbia funzionato. Chiunque lo faccia come prassi mi sembra un tipo spregevole.

Questo viene fatto dai flirt più bassi; un vero seduttore dice la verità e non inganna. E non ha bisogno di fare cose così basse.

Il mio consiglio: non fatelo!

# Capitolo 41: Sedurre attraverso Internet.

S arebbe sciocco da parte nostra non approfittare di tutti i modi per sedurre. Oggi Internet è diventato una fonte molto importante per le ragazze.

Negli anni '80, '90 e '00, la marcia era tutto. C'era molta atmosfera, molta gente, più confusione. Oggi è molto diminuito. Ci sarà sempre, ma non sarà più come prima. Inoltre, si invecchia sempre di più e si esce un po' di più dal mercato. Non si è mai fuori dal mercato, ma l'età, la fatica di molti anni, fa sì che dai 30 o 40 anni in poi non si esca quasi più. Possiamo dire che più della metà di loro non esce a 40 anni.

Dove sono queste ragazze? In tutto il resto, per strada, sul lavoro, agli eventi e su Internet.

Una volta era per i geek. Perché non si poteva vedere chi era e praticamente nessuno era collegato. Al giorno d'oggi, e sempre di più, è la strada che diventerà la numero uno, se non lo è già. Quindi dobbiamo lavorarci su.

# Capitolo 42: Caratteristiche della seduzione online.

I l profilo dell'utente è molto diverso da quello della notte. Quelle di notte sono ragazze:

- Sicuro.
- Deciso.
- Coraggioso.
- Le ragazze della festa.
- Vivas.

E a loro piacciono queste qualità.
Mentre quelli su Internet lo sono:

- Più insicuri.
- Più timido.
- Più formale.
- E, naturalmente, di qualità fisica inferiore.

Perché una donna di qualità non ha bisogno di stare lì dentro. Se un giorno esce, trova degli uomini. Altra cosa è se sono quelli che vuole, ma li trova. Su internet troveremo una ragazza che cerca una relazione più seria di quella che esce la sera.

Quindi, tutte queste qualità di un ragazzo duro e attraente e tutte le altre cose che ho menzionato qui valgono meno? Sì, ma bisogna dare un profilo un po' più leggero, più subdolo, più machiavellico. In altre parole, siate un ragazzo aperto a una relazione seria. Questo è ciò che la maggior parte delle persone vuole, se non può uscire di notte e trovare facilmente un soggetto.

Per me questo è un sottomercato:

- Tendono ad essere più anziani.
- Molti di loro sono esauriti dai ragazzi.
- Sono stanchi di uscire.
- C'è una concorrenza mostruosa.
- Sono più sospettosi.
- La maggior parte di essi è inaffidabile, a causa delle innumerevoli offerte.
- Alcuni di loro sono molto graffiati in testa.
- Dovete inserirne molti, molti di più. In massa, perché i messaggi che ricevono sono innumerevoli.
- È un mondo sotterraneo in cui proliferano le parti interessate.
- Le minoranze razziali e sociali, i più svantaggiati sono qui, per vedere cosa cacciano.
- Proliferano atteggiamenti obsoleti, come il desiderio di matrimonio.
- Ci sono prostitute e ragazze che non si prostituiscono, ma che usano gli uomini.

Molte volte non si può essere se stessi al naturale, e loro si spaventano. Vogliono un uomo formale.

Di notte siete lì. Avete la posizione e siete gli unici ad avere una reale possibilità di fare qualcosa in quel momento. Ma qui c'è solo un mare di messaggi e di ragazzi che ti offrono l'oro e l'argento vivo. Persino di voler pagare per stare con loro. Quindi selezionano molto di più. È possibile trovare buone ragazze guardandosi intorno.

Ci sono molti altri inconvenienti:

- Ci vuole molto tempo.
- Bisogna avere molta pazienza.
- Vengono avviate molte interazioni che poi non portano a nulla.
- Vengono distribuiti molti telefoni che non hanno alcun valore.
- Si fanno molti appuntamenti in cui non c'è un buon feeling.
- Siete venduti, perché non avete le informazioni di persona.
- Bisogna percorrere molti chilometri per incontrarne uno, perché la maggior parte di loro è lontana.
- Quando ci si incontra di persona, si può rimanere terribilmente delusi e non essere così attraenti come sembra.
- Le personalità sgradevoli abbondano, ammantate dall'oscurità dell'anonimato.

Quindi non ci si può aspettare grandi meraviglie da questo. Ma ha anche i suoi piccoli vantaggi:

- Se hai una buona foto profilo e una buona descrizione di te stesso, puoi conquistare ragazze che entrano e non fanno nulla.
- Si può rimorchiare senza uscire o consumarsi bevendo, spendendo e restando fuori tutta la notte.
- È conveniente e persino divertente chattare.
- Se qualsiasi ragazza è abbastanza buona per te, allora sarai qui per rimorchiare ragazze di pessima qualità. Non lo consiglio affatto.
- Molti di loro non amano la notte o non escono perché sono soli. E queste sono ragazze che stanno facendo bene. Questi sono i nostri mercati.

Il mio consiglio è di usarlo come integratore per il flirt. Un massimo del 33% del totale. Se vi affidate solo a questo, non svilupperete bene le vostre capacità.

Il resto è facile: siate divertenti, allegri, simpatici. Dopo qualche messaggio si può chiedere whatsapp o qualsiasi altro social network si utilizzi. Una volta su whatsapp, le possibilità aumentano. Bisogna mantenere la conversazione vivace e divertente. Creare una sensazione.

Sai di averci provato con lei quando ogni giorno ti manda messaggi e ogni giorno le parli a lungo. Dopo aver chiacchierato un po', rimane di persona.

Consiglio un massimo di 2 settimane di wasapear. Se potete farlo in un giorno, tanto meglio. Prima dell'incontro, assicuratevi di essere sufficientemente attraenti. Non andate mai via senza aver visto una foto chiara. La realtà è molto peggiore dell'immagine che vi mostro. Anche se a volte accade il contrario. Se vi chiama al telefono è molto interessata.

Il vostro valore come seduttore non dipende dal vostro successo qui. È un piccolo mondo strano. In ogni caso, coloro che flirtavano di notte, sono quelli che flirtano di più qui. Ci deve essere una ragione per questo.

Non ho molto altro da dire. Vi raccomando di non impegnarvi a conoscere ragazze lontane, non potete andare a trovarle e non vi porterà da nessuna parte. Ci sono ragazze che ti parlano quando sono a 10.000 km di distanza. È una perdita di tempo se non si ha intenzione di vederli.

Pertanto, utilizzarlo per integrare. Chi vuole il pesce, che si bagni. Comodamente sdraiati su un divano, è più difficile trovare una brava ragazza e anche l'amore. Ci accontentiamo del sesso in attesa dell'amore.

# Capitolo 43: Il modello ADA.

Questo modello è molto valido, perché queste fasi sono più facili da ricordare. Più è semplificato, meglio è.

In tutto il libro ho espresso l'idea che bisogna dare valore a se stessi prima di ogni altra cosa. Questo si chiama buona autostima, credere di essere speciali, credere di essere una leggenda. Se non lo siete ancora, agite come se lo foste già. Se non lo fate per voi stessi, fatelo per loro.

La prima lettera del modello. **A, per il concetto di sé** di un ragazzo seducente. Come vi vedranno, vi vedranno. Come voi trattate voi, loro tratteranno voi. Il concetto di sé è molto importante. Dovete pensare a voi stessi come a un seduttore, un grande uomo, carismatico, attraente, irresistibile. Con gli esercizi di pnl che vi ho proposto ci riuscirete.

La seconda lettera del modello è **D, per divertimento**. Bisogna essere divertenti, divertirsi, ridere, far ridere la gente. In questo modo sarà più facile entrare in contatto con le ragazze e farle divertire.

L'ultima lettera del modello è **A, per azione**. Non statevene con le mani in mano a divertirvi. Agite.

Combinazioni incomplete:

Azione e divertimento. Ti sei divertito e hai cercato di avvicinarle, ma non ti hanno valutato come un ragazzo interessante, perché non hai trasmesso i valori. Mancava il concetto di sé. Un bravo ragazzo. Non è abbastanza. Fallirete!

Azione e concetto di sé. Vi vedono come interessanti, ma vi vedono come attaccanti, un po' bisognosi. Non c'è connessione, non si divertono con te. Riconoscono i vostri meriti e vi dicono di no.

Concetto di sé e divertimento. Senza dubbio il migliore dei tre. Gli sei piaciuto. Quel giorno va bene perché non ci hai provato. Un altro giorno, se attaccherete, avranno un buon atteggiamento nei vostri confronti e forse avrete successo. La cosa negativa è che oggi avreste potuto e non avete preso la decisione. Forse non lo vedi più. È un peccato.

# Capitolo 44: Sfruttare la scena gay a proprio vantaggio.

Se avete conosciuto una ragazza, potete portarla in un bar gay e continuare a **sedurla** lì. Avete il vantaggio di non avere concorrenza. Sarete percepiti come più macho rispetto a chi vi circonda. Lei non entra e ti vede più moderno e aperto.

La tecnica successiva è quella di andare direttamente al pub gay. Lì troverete uomini gay, ovviamente, ma anche ragazze lesbiche e alcune ragazze etero. Li si coglie con le difese abbassate, perché non si aspettano di essere avvicinati. Hai l'esclusività e il vantaggio di essere l'unico etero presente. Così si elimina la concorrenza.

Non preoccuparti, non ti succederà nulla, non entreranno gay, non ti succederà nulla. Nessuno ti guarda in modo strano, sono brave persone. Funziona per farli entrare.

L'ultima tecnica è la più folle di tutte e sarebbe per le persone molto, molto, molto coraggiose. Non l'ho mai fatto. Consiste nell'avere un amico gay, andare in giro con lui e fingere di essere gay con le ragazze. Come direbbe Hannibal Lecter, la gente vuole ciò che non può avere. Alcuni hanno l'impulso di prendere la cosa più difficile e la mettono dentro. Hanno l'impulso di far diventare etero un uomo gay. Propongono cose. Un amico gay mi ha detto che vogliono andare a letto con lui solo perché è gay.

Bisogna interpretare bene il ruolo. Puoi dire alla ragazza che hai dei dubbi, che sei bisessuale, che vuoi provare, questo genere di cose.

A loro piacciono molto i gay. È una tecnica per persone con molta disinibizione.

Puoi anche andare con l'amico gay, perché conosce molte ragazze. Li guardano con ammirazione. Si relazionano molto facilmente con le ragazze e ti presentano molte ragazze e tu ne trai vantaggio. Inoltre, le ragazze ti percepiscono come un tipo alla moda e cool.

# Capitolo 45: Chiedete e vi sarà dato!

Nel film "escuela de pringados", che consiglio, il signor P, l'insegnante, inizia la sua lezione dicendo quanto segue. -Tu, sei un perdente?", al che lo studente risponde esitante: "Sì", e il signor P. dice: "No! Un perdente è qualcuno che prova e fallisce, che prova e fallisce. Avete smesso di provarci molto tempo fa.

Poi chiede: "Qual è stata la prima cosa che hai fatto quando sei nato? Piangendo", risponde e aggiunge: "Volevi una tetta e ti hanno dato una tetta. Sei pronto a chiedere una tetta?

Tutto questo per dire che se si vuole qualcosa, bisogna chiederla senza vergogna. Cosa costa dire: andiamo a casa mia?

Una volta stavo entrando da una ragazza e lei mi ha chiesto: "Cosa vuoi fare con me? -E io ho risposto: "Sì", e lei ha detto: "Beh, dai", e poi mi ha chiesto di nuovo: "Cosa vuoi mettere le mani su di me? -E io dissi: "Sì" - E lui disse: "Allora vieni, metti le mani su di me! -E poi ha detto: "Non vuoi venire a letto con me? -E io risposi: "Certo che sì" e lui disse: "Beh, dai, andiamo!

Più importante del chiedere è il fare. Ma se si tratta di qualcosa che non vi viene naturale, chiedete. Non siate timidi, chiedete.

Chiedete e vi sarà dato!

# Capitolo 46: Come sedurre le donne mature?

Le donne mature si impegneranno di più per stare con voi e potrebbero essere sessualmente più ricettive a fare cose innovative per trattenervi.

I giovani sono molto diretti. Cercano di fare sesso con donne più grandi, basandosi solo sul fatto che sono giovani e più in forma. Pensando che diranno - fanculo meglio. Sbagliato.

Non è sufficiente. Le ragazze più grandi vogliono un uomo che sappia parlare, che abbia testa. Questo è ciò che dovete fare. È difficile andare a letto con una ragazza più grande se non la si tratta con un approccio meno sessuale.

Cercate di avere una conversazione, di creare un feeling, ed evitate di andare troppo sul sesso. Questo verrà naturale. Dare tempo al tempo.

Approfondite la connessione e la conversazione. Siate un po' più galanti con loro. Ascoltateli. Molti sono soli e non hanno nessuno a cui raccontare le loro storie. Siate pazienti. Sono i più insicuri di tutti, frutto di molte delusioni. Create comfort ed evitate la fase di attrazione, verrà da sola.

# Capitolo 47: Come sedurre le ragazze sexy?

Il simile attrae il simile. Quindi, se sei un ragazzo con un fisico possente, uno di quell'1%, lei ti noterà. Andate e interagite con lei. Sarete preselezionati. Ricordate che questo non è sufficiente. Bisogna fare le cose per bene, secondo le tecniche spiegate qui. Avete un vantaggio fisico, approfittatene.

Se non sei un bel ragazzo.

La prima cosa da fare è essere consapevoli del fatto che la vostra combinazione fisico-psichica è superiore alla sua. Avete carisma, sicurezza ed esperienza. Pensate all'arsenale di momenti divertenti e gioiosi che potete regalarle. I luoghi cool che conosci, la personalità affascinante. Lei è un vero uomo, che si fa rispettare e desiderare. Per non parlare della sua abilità sessuale. La farete divertire un mondo. È sexy, ma non ha quelle armi. È così. Lo farai per lei. Per farla divertire. Si annoia. Fallo per lei. Giocare la carta della personalità. Avere carisma.

Le ragazze sexy tendono ad avere insicurezze, come tutti. Alcune di loro pensano che siano brutte e pochissimi ragazzi le amano. Perché li spaventano. Nessuno pensa di essere allo stesso livello. Ma puoi arrivare a vedere che un ragazzo molto più brutto di te ci prova con lei e la fa ridere. Il potere è nella mente del seduttore. Avanti, entrate.

Si crea un feeling, un rapporto, proprio come con gli altri. L'unica cosa che differenzierà questa interazione dalle altre è questa.

Non ditele **mai che è** bellissima o che è sexy. Tutti gli altri lo fanno e lei è stanca di sentirselo dire. Ignora totalmente il suo fisico. Dovete sminuire il suo valore. Siate al di sopra del bene e del male, come se foste con un bambino di 10 anni. Parli ma non mostri alcun interesse per lei. Oppure si comporta come se fosse una bella ragazza paffuta. Immaginatela così. Trattatela così. Nessuna paura, scorrevole. Sempre al top.

Parla di cose della sua vita e, come concessione se è simpatica, mette in evidenza qualche qualità della sua personalità. Come fareste con chiunque. Non mettere mai in evidenza il suo fisico. Fate in modo che sembri che non siate colpiti o che non lo notiate.

Attuazione del piano. Nelle fasi.

**Fase 1. Affascinante indifferente.**

Umorismo, umorismo e buone vibrazioni. Dovete essere affascinanti, sicuri di voi stessi, carismatici, fluidi e disinibiti. Tutte le vostre qualità al massimo livello. Dare il massimo, essere un grande uomo. La coinvolgete in una conversazione divertente. Sarà perplessa e incuriosita dal fatto che non siete impressionati e comincerà a infastidirsi perché non dite nulla. La vedi poco attraente. Lasciatela soffrire. Non ha sofferto nella sua vita per avere dei ragazzi, tutto è venuto da sé. Agganciatela con le vostre labbra e il vostro carisma. Siate affascinanti con questa ragazza paffuta.

**Fase 2. Durezza del marmo.**

Allora ignoratela e parlate con gli altri, o andate a fare una passeggiata. Lasciarla desiderare. Saluta le persone, non presta attenzione a lei. Questo la sconvolgerà. Potrebbe arrabbiarsi. O impazzire. Con il vostro comportamento siete riusciti ad abbassare il suo valore. Dopo questo affronto, potrebbe richiedere maggiori attenzioni da parte vostra. L'hai già fatto. Mettete in pratica gli insegnamenti della scuola di resistenza, comunicandole che avete più coraggio di lei.

**Fase 3. Spudorato o duro.**

Se pensate di non rivederla più e perdete l'occasione. Se l'hai lasciata andare, sei sexy, l'ho appena capito. Attacco. Le dici: "Sono venuto per te". Vai a chiudere.

Se vedete che riuscite a vederla di nuovo, tornate alla fase 1. È possibile alternare la fase 1 e la fase 2. Finché non è ricettiva, prova a vedere se è scopata. Se lo è, si entra. In caso contrario, la si lascia lì senza provare nulla. Niente telefono, niente roba. Lei se ne va. Il giorno dopo andate a salutarla e se è ricettiva quel giorno potete chiudere. Non chiuderei finché non vedrete un chiaro interesse. È abituata a essere avvicinata e a dire di no. Se questa operazione viene eseguita perfettamente. Potrebbe fare il filo a te.

Con questo dimostrerete.

- Questo non ti impressiona.
- Che non gli date il valore che crede di avere.
- Che il vostro valore è superiore al suo.
- Che siete indifferenti e affascinanti.
- Che deve guadagnarsi la vostra attenzione.
- Che ci sono altre ragazze e persone che sono rivali per lei.
- Che siete totalmente diversi da tutti gli adulatori che arrivano.
- Che voi siete il premio.

E questo, amici miei, è il modo in cui si rimorchia una bella ragazza.

# Capitolo 48: Il primo appuntamento.

Se avete fatto una chiusura al telefono o l'avete incontrata online, non siete ancora completamente chiusi e dovete fissare altri appuntamenti per concludere il processo. In questi casi è importante il primo appuntamento e il modo in cui ci si comporta.

Prima dell'incontro è molto importante pensare di aver già vinto e che tutto filerà liscio. Mostratevi con la sicurezza di chi sa di essere un vincitore. Sorridete e siate sereni perché lei è già vostra. Per generare attrazione, mescolate l'umorismo con la fiducia in voi stessi. Non parlate di lavoro. Usate il trucco di vederla come una bambina degna di affetto e protezione, sentendovi il protettore. Lei percepirà il vostro senso di sicurezza e la attirerete.

All'appuntamento siate gentili, lasciate che sia lei a chiedere per prima quello che vuole, ascoltatela e usate il rapporto a vostra discrezione, il ritmo e la guida. Ascoltatela e interessatevi a lei. Siete nella fase di creazione del comfort.

In questi casi la seduzione è più lenta e dovete generare attrattiva in modo più sottile rispetto alla notte, altrimenti lei potrebbe vedervi come presuntuosi. Ora non ha bevuto due bicchieri e trova divertente il tuo atteggiamento malizioso. Quindi, prendetela con calma. Raccontare poco o nulla di sé. Solo quando lo chiede, si tratta di farla sentire speciale. Non vantatevi di nulla. Usate l'umorismo e siate rilassati e sicuri di voi stessi, oltre che cordiali.

Cambiate e andate in diversi posti in quell'appuntamento, così invaderete la sua mente con l'idea che avete fatto diverse cose e siete stati in diversi posti e le sembrerà che l'appuntamento sia stato più proficuo. Un solo posto è troppo poco e lui si ricorda solo di te. Ingrandimento.

Se dalle sue domande si capisce che avete molta esperienza, potrebbe spaventarsi. Perciò, per evitare che le fidanzate che hai avuto ti facciano sentire in colpa, ti dico che sei stato single e che è normale. Mentre lei può aver trascorso 20 anni con una sola, tu hai avuto 5 fidanzate di 4 anni ciascuna. E altre esperienze. È normale.

Se potete, toccatele i capelli, il viso, senza chiedere prima il permesso. Toccatele il braccio per generare calore e fiducia. Datele il cinque, afferratele il braccio mentre camminate. Dille che è fantastico. In questo modo lei vi dà accesso alla sua area personale e voi guadagnate punti. Non siate nemmeno un rompiscatole, se si allontana non insistete.

Se ritira la mano o distoglie il viso, significa che state andando troppo veloci. Con questi test potete vedere il suo atteggiamento nei vostri confronti.

Se si genera un grande feeling, abbracciatela e prendetela di più, potete chiudere con un bacio l'appuntamento. Se non chiudete, avrete generato tensione sessuale e la volta successiva lei sarà felice di vedervi. Perché la ragazza si è scaldata e le sono venute in mente sensazioni di piacere per essere stata toccata.

Dille che ti sembra di conoscerla da sempre. Creare fiducia. Se si presenta con un'energia elevata potrebbe essere meglio, oppure potrebbe spaventarla un po'. Modulare questo aspetto. In generale è meglio andare in alto.

Il vostro obiettivo è quello di farla sentire a suo agio. Se lo fate, la sedurrete di sicuro.

Se non la seducete facendo così e lei è almeno ricettiva nei vostri confronti, è una ragazza che non vi apprezza e non vi merita. Lasciatela e non frequentatela più.

# Capitolo 49: Sedurre gli over 50.

È chiaro che c'è un calo di prestazioni già con largo anticipo. Questo perché:

- Ci sono meno persone che escono dalla tua età.
- Quelli della tua età sono quelli rimasti, di qualità inferiore.
- Le persone sono esauste.
- Non avete la stessa forza di quando avevate 30 anni.
- Sei più vecchio e più brutto.
- Quelli che sono bravi alla loro età sono molto ricercati.

Tutto questo deve essere ammesso e preso in considerazione. Prima lo si fa, meglio è.

Niente più flirt, niente affatto!

Tutto ciò che dovete fare è seguire una di queste tre strategie:

- Concentratevi sul vostro segmento. Probabilmente ne troverete di più su Internet che di notte. Il mercato si ridurrà, ma non finirà mai, quindi andate avanti.

- Cercate ragazze più giovani, almeno 10 anni più giovani, fino a 20 anni più giovani. Più si è anziani, maggiore dovrebbe essere la differenza di età.

- Una combinazione di entrambi.

Per rimorchiare le ragazze più giovani, dovrete andare nei pub dove vanno e interagire lì. Anche se vi sentite fuori posto e le ragazze sembrano ragazze.

Certo, alcuni di essi sono molto buoni. Non hanno il bagaglio di anni, ma chi se ne frega! Se si vuole riprodurre, è l'unico modo. Penso che sia giusto flirtare con loro se vedo che hanno un po' di testa o sono particolarmente sexy. Dovete farlo, non provateci, fatelo! Perché le ragazze della tua età saranno fisicamente sempre peggio. Più si invecchia, più deve esserci differenza tra noi e loro.

Bisogna anche pensare che di notte c'è molto caos. Le persone non hanno il controllo e non sanno quanti anni hai, e se sei lì, hai una possibilità. Un mio insegnante molto noto, con il suo grande carisma e il suo grande talento, ha praticato con successo la seduzione di giovani donne per tutta la vita. Quindi, si può fare!

Un consiglio ai cinquantenni.

Non spingetevi oltre come a 30 anni, ma date il massimo quando uscite. Le ragazze interessanti sono di tutte le età. Non limitatevi. Bisogna guardarsi intorno. Se siete stati maestri a 20 e 30 anni, lo sarete anche a 40, 50, 60 e fino alla morte.

Non parlate della vostra età. Non allentate la vostra fiducia in voi stessi.

Sfruttate le vostre debolezze teoriche come vantaggi competitivi. Al posto degli anni c'è l'esperienza, al posto dei capelli grigi la maturità. Se vi decomplessate e vi liberate dai pensieri limitanti, sarete la persona di maggior successo nella stanza. Perché siete unici e speciali.

Potete anche tentare la fortuna con ragazze di altre latitudini. Oppure fare un viaggio all'estero in Paesi più aperti verso le persone anziane.

Potete andare avanti quanto volete.

Quando arrivi a un punto in cui tutte le ragazze della tua età sono super vecchie e non ti piacciono, le ragazze giovani al 100%. Forse quel momento non arriverà mai. Perché pensi sempre che le ragazze della tua età siano belle.

Quando ero giovane pensavo che i 35 anni fossero una buona età per andare in pensione. Ora non fisso nemmeno una data, né voglio farlo, qualche giorno prima di morire è la data appropriata.

# Capitolo 50: Eruzioni cutanee.

Questo flirt va a scatti. Ci saranno stagioni in cui non ne avrete mai abbastanza e tutto funzionerà, e altre in cui vi bloccherete e nulla funzionerà. A volte ci sono delle crisi. Bisogna avere pazienza e perseverare.

Se non ci si sente all'altezza prima di uscire, è meglio non uscire. Perché quello che avete in testa si materializzerà in seguito. Bisogna uscire e mangiare il mondo. È così che avrete successo. È come per i calciatori. Non è perché non fai gol che smetti di essere un marcatore. Sono incantesimi sbagliati.

Spesso avete trascurato il vostro fisico e di conseguenza avete perso fiducia in voi stessi. Tornate al vostro meglio fisico. Questo vi aiuterà a ritrovare la fiducia in voi stessi. Ma ricordate che, anche se non avete una buona forma fisica, potete avere molto successo se la vostra testa è in forma. La testa è più importante del fisico.

L'opposto è la striscia vincente. Quando si inizia a scopare, quando si incatenano le vittorie senza tregua, si verifica un fenomeno molto interessante. Arriva un momento in cui non è che non ti fermi, è che non puoi fermarti, non te lo permettono. Così, sulla cresta dell'onda, con tutta la vostra forza, diventa sempre più facile e tutti vengono da voi. Io la chiamo **"piena potenza"**.

# Parte VII

# Essere seducenti

# Capitolo 51: Dopo aver flirtato.

Non dovete avere fretta di chiamarla, né dimostrare di avere bisogno di vederla. Mantenere la cosiddetta **distanza emotiva**. Non fatevi coinvolgere troppo. Se avete voglia di vederla, vedetela, ma con calma, con tranquillità. Se percepiscono che siete bisognosi, vi vedranno come deboli e vi metteranno all'ultimo posto della loro lista.

Perché, non dimentichiamolo, probabilmente hanno altre donne attive. Dormono con loro, ecco perché impiegano così tanto tempo per incontrarsi e tornano così felici.

Se non ne avete altri, vi troverete in una situazione di bisogno e questo vi mette in una posizione di svantaggio. Ecco perché, anche se è un po' difficile da dire, consiglio di avere più relazioni contemporaneamente. In particolare tre. Il più è troppo e stressante, il meno è troppo poco e noioso.

Quando la vedete, potete andare a fare attività divertenti, bere vino, fare escursioni. L'escursionismo vi dà il vantaggio che se la ragazza è lì o se la fate eccitare, avete tutta la montagna per farlo. Anche un hobby comune va bene. In generale, è meglio attirarla nel vostro mondo che entrare nel suo.

Dovete sentirvi di nuovo a vostro agio con lei, altrimenti è un peccato. Forse quella sera la ragazza era molto ricettiva a causa dell'alcol o altro e ora è timida. Dovete superare questo problema portando la vostra fiducia in voi stessi e la vostra personalità divertente. Siate una persona gentile.

Anche voi non dovete soffrire. Se hai voglia di vederla, la chiami e se lei non vuole vederti, devi pensare che non prova le stesse cose che provi tu. Quindi stai facendo la parte dello sciocco. Andate a cercarne un'altra se vi dice di no due volte al vostro tentativo di incontrarla. Massimo tre tentativi.

In generale, dovete rimanere voi stessi, divertenti, allegri. Ciò che vi ha portato al successo è stata una conversazione piacevole e divertente. L'atteggiamento che avevi quella sera. Quindi, ecco che si ripete la stessa cosa. Nessuna timidezza, nessuna esitazione.

Gestire i tempi. Se lasciate passare troppo tempo, le cose si raffreddano; se andate troppo in fretta per quello che vuole, trasmettete un interesse eccessivo. Quando le cose vanno, vanno. Ciò significa che vanno, molto velocemente, molto velocemente. Se è lento, rimandate, procrastinate, cercatene subito un altro. Non fate sforzi, non soffrite, non procrastinate a causa sua. Fate quello che volete alla velocità che volete. Se non vi segue, non va bene.

# Capitolo 52: Le occupazioni della vostra vita.

Devi avere degli hobby, dei passatempi, delle attività, oltre ad andare in giro a cercare ragazze di notte. Bisogna avere una vita reale interessante. In questo modo potrete raccontare loro le cose di quella vita che li affascinano. Avere passioni come l'escursionismo, l'alpinismo, lo sport. Informatevi sugli argomenti che vi interessano, fate ricerche, esplorate. Abbiate una vita ricca e interessante.

La vostra autostima non dipende esclusivamente dai vostri successi o insuccessi nel campo della seduzione. È una parte della vostra vita, ma non è la vostra vita. Pensate a voi stessi come a un realizzatore globale.

# Capitolo 53:
# Atteggiamento nei confronti della critica.

Quando si ha successo, si viene attaccati, automaticamente, senza eccezioni. Le coscienze si agitano, gli ego vengono a galla. Si sentono male, si sentono inferiori, si sentono di merda. Ecco i ragazzi.

Le ragazze cercano di incasellarti come un pappone presuntuoso, anche se sei un tesoro. Non vogliono che tu sia in grado di gestirli.

Solo l'albero che porta frutto porta frutto. L'invidia è lo sport nazionale e non dubitate che i piccoli verranno a criticare ciò che fate, a definirvi tutt'altro che belli.

L'ho già detto in passato. L'unica cosa da fare è essere totalmente indifferenti. Jorge Martínez dei clandestini ha detto: "Qualunque cosa tu dica, non mi fregherai", e penso che sia una grande frase. Chi vi critica probabilmente non è un esempio di nulla. "Ladran Sancho, luego avanzamos" (Abbaia Sancio, poi andiamo avanti).

Non lasciate che siano gli estranei a dirvi cosa è buono o cattivo. Purché non si faccia qualcosa di illegale o di barbaro. Quello che dovete o non dovete fare dipende da voi. Solo voi potete decidere.

Inoltre, non siete gli unici a trarne vantaggio. Ne beneficiano. Direi, più di te. Glielo avete dato voi. Non dovevano entrare, non dovevano sedurti. Si sono divertiti molto con voi e avranno un bel ricordo di voi. Quindi, che si fottano i critici!

Non si può accontentare tutti. L'unica persona che dovete soddisfare è voi stessi.

# Capitolo 54: L'arte di farsi rispettare.

Non si può essere seduttori se non ci si fa rispettare in altri ambiti della vita. Se ci si lascia maltrattare.

Bisogna avere un'alta autostima, vedersi come una persona di grande valore. Dite no agli abusi, opponetevi. Meglio una batosta che una vita di vergogna. Non tollerate gli abusi e sarete dei vincitori, tollerate gli abusi e sarete dei perdenti.

Dovete avere una vita sana in termini di amicizie, hobby, lavoro, denaro, salute. Allora vi esibirete al 100% nel campo dell'amore, altrimenti tutto questo vi sminuirà. Tutto ciò che non avete è in buone condizioni.

Se vi manca la salute, non potrete uscire, se vi manca il denaro non potrete nemmeno uscire. Se vi sentite male, se avete una relazione tossica o un lavoro tossico, questo influisce sul vostro umore e sulla vostra felicità. Mettete in ordine la vostra vita. Finché non lo avete in ordine, almeno, incanalate quel cattivo sangue, quell'aggressività, per raggiungere i vostri obiettivi nel campo dell'amore sessuale.

È importante **avere aggressività e carattere per resistere e combattere.** Essere miti è pericoloso. Il conformismo è per i ragazzi al di sotto dei perdenti. Essere almeno un fallimento. Il trionfo può arrivare quando meno te lo aspetti.

Ricordate che tutto è possibile, non ci sono limiti a ciò che potete ottenere. Fate attenzione al vostro linguaggio, in modo da non limitarvi con parole negative verso voi stessi. Guardate cosa pensate. Attenzione a ciò che si mangia. Il vostro corpo è il vostro tempio. Attenzione a ciò che si dice. Non lasciate che nessuno vi limiti, tanto meno voi stessi.

Tutto è possibile!

# Capitolo 55: Il duro.

Vi racconto una storia vera.

L'insegnante di mio zio, che è a sua volta un insegnante, una volta mi disse, colpendomi duramente al petto: "Sei sempre sopra di loro".

Era un uomo di 80 anni, con una vita dedicata alla seduzione. Mi ha visto con atteggiamenti buoni e colpire, in modo che fosse registrato emotivamente, ha semplificato le cose e ha detto questo. **"Sei sempre al di sopra di loro"**. Superba didattica concentrata, chiara e breve. Il miglior insegnamento che mi sia mai stato impartito.

Quelli morbidi, le ragazze li lasciano come dipendenti, bisognosi. Li adorano e li idealizzano e gli fanno capire chiaramente che sono la cosa più importante della loro vita. Gli sciocchi si innamorano, gli sciocchi li riempiono di attenzioni. Dicono di essere dei gentiluomini, ma in realtà sono degli sciocchi.

Dovete conoscere le dure verità della vita. Quando una donna si rende conto che ti piace molto, anche abbastanza da avere qualcosa di serio con lei, puoi automaticamente escluderla. Se non è in grado di farlo, potete automaticamente cancellarla. **La morbidezza paga!** Se sei morbido, non puoi nasconderlo, e se cerchi di nasconderlo è ancora peggio.

Al contrario, il duro, il cattivo ragazzo, che non la valorizza, è molto difficile che venga scaricato a causa della sua mancanza di attenzione. Perché sa anche essere affascinante quando vuole.

Lui la fa ridere e questo compensa ciò che la fa soffrire. I bravi ragazzi sono anche chiamati carapadres, uomini beta. Sono uomini nati per servire le donne, schiavizzandosi. Riescono ad avere una lunga relazione (che confondono con l'amore) con una ragazza, che di solito li maltratta. Ma non saranno mai in grado di sedurre in massa. Non saranno mai molto richiesti.

**Le durezze offrono prestazioni!** Con la durezza non la perderete mai e se la perdete potrete recuperarla perché siete voi la sfida. Il più difficile. Il maschio alfa.

### Quello morbido. Quello difficile.

Si innamora. Si innamora di lei.

Si preoccupa. Succede.

Chiamata. Vi chiamano.

Ammira. A lui sembra una cosa da poco.

Si fa prendere dalle speranze. La scopa.

Ha paura di perderla. Non gli importa.

È insicuro. È sicuro.

Esita. È divertito.

Pensate a lei. Pensate al prossimo.

La mette al primo posto. Lui viene prima di tutto.

Prevedibile. Imprevedibile.

Necessario Indipendente

Un bravo ragazzo. Cattivo.

Orientamento al dettaglio. Piacevole.

Ricordate che sono abituati male, **sopravvalutati**.

Vengono trattate come piccole principesse da ragazzi bisognosi e affamati. Farebbero di tutto, pur di ottenerlo. Come invitarli a tutto, degradandosi.

Vogliono un uomo vero. Chi si opporrà a loro e dirà no! Chi dirà loro le proprie colpe e non scenderà a compromessi con gli abusi che intendono compiere. Questo è un vero uomo. Possono criticarlo dall'esterno, ma lo vogliono all'interno. Come ha detto Loquillo, "ci criticano da davanti, ci mettono all'asta da dietro".

Non lo dico tanto per dire. Viene dall'esperienza personale, sia dura che morbida. Fortunatamente, ho imparato cosa fare.

È importante sapere come effettuare la calibrazione. Non andate in giro a dare una falsa rappresentazione di ciò che non siete. Allora sarà un disastro.

Se un giorno siete duri, il giorno dopo molli, esitanti, **insicuri, sarete** massacrati.

Bisogna essere molto duri. **Una durezza interiore che nasce dal fallimento e dalla frustrazione.** E l'aggressività generata, restituitela sotto forma di una personalità da duro. Allora sì che farete sesso! Ma bisogna farlo in modo misurato. Non fingete esibizioni o sfoghi fuori dagli schemi.

Quando si presenta il capriccio, quando vuole che tu ceda ai suoi capricci e alla sua volubile volontà. Lì. Non siete qui per soddisfarla. Fatti rispettare, vedrai come te la caverai bene!

Vi insulterà, vi chiamerà sgradevoli, o fastidiosi piantagrane. Ma nel profondo, il loro apprezzamento nei vostri confronti è aumentato in modo esponenziale. Sono attratte dal duro - che è un uomo!

Tutti questi atteggiamenti da duro sono un po' dopo che l'avete sedotta o sedotta. Se siamo un tipo duro fin dall'inizio del giorno in cui la incontriamo, o se siamo una persona di poche parole, non sarà qualcosa che la sedurrà.

Non si tratta di essere Clint Eastwood in salotto, ma di essere un tipo divertente che si fa valere quando vede cose che non gli piacciono.

Non abbiate mai paura di perderla! Abbiate paura, di prenderla ingoiando la sua merda! Diventeresti il suo schiavo. Meglio non averla, che averla in condizioni inaccettabili.

Finché lei è tranquilla e gentile, questo lato oscuro della seduzione non deve venire fuori. Utilizzarlo solo se necessario. Potete, a poco a poco, introdurlo sempre di più, per farvi apprezzare, apprezzare e desiderare.

È particolarmente consigliabile, per aumentare il vostro coraggio, far vedere i vostri trionfi alle ragazze che sono state poco gentili con voi. Ma non parlatene con loro, lasciate che vi vedano. Non possono notare, né dovete avere, alcun rancore, sarebbe una debolezza. Durezza del marmo, indifferente.

Picchiano, non ti guardano, non ti prestano attenzione, ti ignorano, non si curano di te, promettono cose che non mantengono. Si torna a casa frustrati più e più volte.

Siete stati gentili, siete stati gentili, siete stati gentili, siete stati gentili e vi hanno restituito delle brutte facce. La vita è difficile a volte. Dovete assimilare tutto questo. Per questo, per sopravvivere, bisogna essere molto duri. Essere al di sopra del successo e del fallimento. Non fatevi coinvolgere emotivamente dai rifiuti e mantenete sempre un atteggiamento positivo.

Chi ha detto che è facile? Sapete quanti sono caduti. È un tuo diritto essere duro, devi proteggerti.

Sì, la ragazza è simpatica, non devi fare il duro. Si può anche essere divertenti e disponibili, per poi sorprenderla con una certa rudezza. Non fatela abituare a nulla, sorprendetela. In generale, la durezza è più applicabile a una relazione già pronta che alla seduzione.

Si può essere divertenti e morbidi, come Groucho Marx, quando diceva alla donna: "A te! -Ogni volta che ha detto grazie. O come José Luis López Vázquez che diceva: "Il tuo servo, il tuo schiavo, il tuo lacchè, il tuo servitore, qualsiasi cosa ti serva", in modo comico. Questo fa parte della tua buffa personalità. È un gioco. In realtà lei è un duro. Soddisfate le qualità di durezza spiegate nella tabella dei duri e dei morbidi.

Riducete la vostra disponibilità, siate lenti a rispondere, muovetevi più lentamente, non perdete la testa per loro. È una cosa che si dovrebbe fare sempre. Nel dubbio, quando vedete qualcosa che non vi piace, pensate: cosa farebbe il mio io ideale?

# Capitolo 56: avere una realtà solida.

Dovete trasmettere che siete una persona con esperienza di vita. Con fiducia, con bagaglio. Che abbiate un'esperienza lavorativa significativa. Che avete imparato un mestiere o una professione. Che sappiate trattare con le persone. Che sapete farvi rispettare. Che siete carismatici, leader, piacevoli in generale.

Che vedano che avete una gamma di conoscenze ed esperienze di vita. Che siete un uomo a tutti gli effetti, sicuro di sé e del proprio mondo.

Forse non lo pensate. Ma credo che lo sia. Siate consapevoli che ci sono cose in cui siete molto bravi o in cui siete bravi. Valorizzate voi stessi, valorizzate la vostra conoscenza. Valorizzate la vostra vita come qualcosa di importante e prezioso. Vendetela!

Trasmettere la passione per ciò che si ama. Essere esperti in qualcosa. Tutti sanno molte cose, bisogna saperle trasmettere bene. Se non sapete come trasmetterli bene, dovete imparare a vendere voi stessi. Leggere libri di auto-aiuto, libri sulle tecniche di vendita, sulla programmazione neurolinguistica, sulla seduzione e sull'intelligenza emotiva. Come preferisci.

Soprattutto, valorizzate voi stessi come persona unica e preziosa. Trasmettere quella vita meravigliosa e piena senza di lei. Non è l'unica nella vostra vita. Non si tratta solo di flirtare. **Lei è dispensabile. Puoi trovare ragazze migliori di lei**. È questo che deve rimanere nella **sua** testa: **tu vali molto più di lei, e quella che dovrebbe essere felice di averti è lei.**

Non sto parlando di denaro. Mi riferisco all'attrattiva e al carisma. Dobbiamo prendere coscienza del nostro potere. Come Skynet. E diamo un grande valore a noi stessi. Lassù in cima. Sì, lì!

E tutto questo, senza cadere nell'arroganza e nella supponenza, ma mantenendo la personalità divertente. Siate fuoco, non falena.

# Capitolo 57: Seguire l'istinto.

Non razionalizzare mai, assolutamente mai, nessuna situazione. Chiedetevi: cosa provo quando penso a quella persona?

Vi sentite frustrati? Sentite che non riuscite ad avvicinarvi a lei? Oppure provate disagio al pensiero di lei, irrequietezza?

Non ti merita! Perché vuoi rimorchiare una ragazza che non ti stima abbastanza? Avete già mostrato tutte le vostre buone qualità e lei non le ha viste. Questo è il suo problema. Passare a un altro. Non siate ossessionati da uno di essi. Anche se si va avanti, si aumentano le possibilità con la persona che non si vuole più.

Se avete detto che la incontrerete e poi non ve la sentite, o si presenta un altro progetto che vi piace di più, non ci andate! Perché non fai le cose per farle piacere. Ti piaci.

Non essere razionale. L'attrazione è totalmente irrazionale e se avete instillato un'attrazione nella testa di una persona, questa verrà da voi, che lo voglia o no. Verrà da voi, che lo voglia o no.

Come una falena alla luce!

# Capitolo 58: Divertirsi.

So che ho già detto che è stato molto difficile essere un uomo, e che si attraversano molte frustrazioni e vicissitudini, e sembra che sia un dramma. Ma in realtà lo è solo se si permette che lo sia nella propria testa.

Se seguite il mio consiglio, sarà una festa continua. E senza dubbio i sacrifici e i momenti difficili saranno compensati in modo soddisfacente dai momenti eccellenti che vivrete.

Una ragazza può rendere la tua serata, o la tua vita intera. Come dice lo stesso modello A.D.A., bisogna divertirsi. Nessuno si è mai agganciato mentre era sopraffatto, stressato, nervoso, a disagio. No, no, no, no, no!

Bisogna divertirsi e divertire. Trasmettere quell'energia, quella forza, quella vitalità e quella voglia di vivere.

Fate in modo che vi vedano come l'anima della festa, non ve ne perdete nemmeno una. Lasciate che invidino la vostra felicità. Io lo chiamo **"stato felice"**.

Mettetevi in quello stato. Dimenticate la serietà. Dimenticate i problemi. Dimenticate le cose serie, dimenticate il lavoro. Siate felici e spensierati. Siate felici! Fatelo per voi stessi.

La vita è fatta di pochi giorni e bisogna goderseli. Essere felici non dipende da ciò che vi accade, ma da come prendete le cose che vi accadono. È una questione di atteggiamento.

E se siete una persona seria, se pensate di non avere le qualità della spensieratezza, della gioia, del divertimento, se siete una persona che non si vede così? Ebbene, la soluzione è, amico mio, il cambiamento! Potete cambiare, potete scegliere di continuare a essere come siete stati e avere di nuovo i risultati che avete avuto, oppure potete cambiare e avere risultati nuovi e migliori.

Se si cambiano i gesti e le posture, si cambiano anche i pensieri. Evitare di abbassare la testa, avere gesti aperti e sicuri. Queste qualità vi arriveranno variando la vostra postura e i vostri gesti.

Non lo dico tanto per dire, è così! Tutto può essere cambiato, anche la personalità.

# Capitolo 59: Siate imprevedibili e folli.

Le persone si innamorano se c'è un'alta componente emotiva. Se la portate ad attività rischiose, la farete impazzire. Il suo cuore batte molto forte, secerne adrenalina e molti ormoni che la fanno sentire bene. E lei lo assocerà a te. Se siete un tipo rischioso e coraggioso, che fa attività pericolose con lei: come l'alpinismo, il bungee jumping, il salto con l'elastico, la corsa in auto o qualsiasi cosa che secerna adrenalina. Si sentirà molto legata a voi a causa degli ormoni secreti e vi percepirà come un ragazzo macho e coraggioso. Anche le montagne russe vanno bene. Lasciate che vi veda rischiosi, lasciate che vi veda audaci. Sii anche tu il suo eroe. Essere l'eroe di tutti.

Un ottimo consiglio.

Vi consiglio di fare una follia di tanto in tanto e di sorprenderla con una bella sorpresa. All'improvviso, un invito all'improvviso, perché viene da voi. Un regalo, una giornata esilarante. E poi, la lasciate dimenticata per molto tempo. Mi siete mancati tanto! Dille che non puoi uscire più volte. Lascia che ti desideri, lascia che ti ricordi. Se non la sistemate, vi farà mangiare dalle mani.

# Capitolo 60: Relazioni simultanee.

Perché si deve stare con uno, quando si vuole stare con due, con tre, con quattro, con cinque? Perché? Perché lo dice la società? Perché è più romantico? O perché lo dicono i telegiornali?

Se avete voglia di stare con più persone, fate pure, è un vostro diritto. Potete dirle la verità o nasconderla abilmente. Pensate che la persona più importante che dovete soddisfare siete voi. È un po' un bastardo. Sì, ma finché non facciamo del male alle persone, possiamo farlo. Se vediamo che li stiamo ferendo, li tagliamo fuori dalla nostra vita. Questo è il mio consiglio.

Il simile attira il simile, se sei così, attirerai le ragazze che sono come te e fanno come te.

Se mettiamo le cose in chiaro, tutto è legale; se non lo facciamo, cerchiamo di portare avanti la relazione, a patto di non danneggiare l'altra persona.

Le relazioni simultanee significano che avete poco tempo da dedicare a ciascuna di esse. Questo aumenta il vostro valore di persona difficile da vedere, misteriosa, impegnata, non dipendente, interessante, tosta.

Non consiglio di averne più di 3 alla volta, perché è una seccatura e causa più problemi che benefici. Si va su e giù senza tempo per se stessi, senza tempo per riposare e si può prendere qualcosa per la mancanza di riposo. Lo dico per esperienza.

Uno è un po' seccato, due sono incazzati e tre sono stufi.

A volte si impazzisce nel tentativo di soddisfarli tutti a scapito della propria salute, e questo è pericoloso. Ma va bene così.

È un vero piacere fare sesso con più ragazze nello stesso giorno. È qualcosa di fantastico e ti fa eccitare moltissimo. Attività consigliata.

Più ne avete, meno influenza e potere avete in ciascuno di essi. È meglio andare in profondità. Fare tutto con uno e passare a un altro è meglio che avere 5 baci, senza andare a letto con nessuno di loro.

Bisogna essere fantasiosi e mentire bene se si ha una relazione in cui non si sa che ci sono altri. Si può sempre inventare un lavoro, degli obblighi, delle responsabilità, degli eventi o degli hobby che occupano il tempo. Una finta malattia per giustificare l'assenza è una buona idea. Se alla ragazza piacete, vi perdonerà tutto e sopporterà qualsiasi cosa.

# Capitolo 61: Sesso con gli sconosciuti.

Immaginate una ragazza che avete appena conosciuto la sera e con la quale vi siete messi insieme. La porti a casa con te. Beh, vi mostrerà tutto ciò di cui è capace e non si farà scrupoli a fare cose che non farebbe mai con il suo ragazzo. Pertanto, avete l'enorme vantaggio che il sesso sarà selvaggio e di altissima qualità. La ragazza darà il massimo. Farà uno sforzo per non essere vista come un'inesperta. Vuole fare colpo su di voi, vuole essere la migliore. Ecco perché è così bello rimorchiare di notte. Sarete in grado di fare cose che la vostra ragazza non vi lascerebbe mai fare.

# Capitolo 62: Diventa una leggenda.

C'è una frase che ho inventato e che è molto utile per spiegare questo capitolo, che recita così. **"Non basta vincere, bisogna anche stravincere.**

Come risultato della programmazione mentale e delle vostre azioni corrette, accumulerete successi. Dobbiamo avere ambizione e pensare che, come Achille, vogliamo essere ricordati, vogliamo essere una leggenda. O meglio, che lo siamo già. Che i nostri trionfi sono imprese alla portata solo degli eroi. Di persone molto più potenti delle persone normali. Di eroi senza limiti, che fanno cose incredibili per gli altri, di cui si parla per anni. Che impressionano i partecipanti agli eventi. E che un alone di mito circonda le vostre azioni. Essere una leggenda significa essere all'altezza della propria leggenda e non dimenticare mai che si sta facendo la storia, che si è una leggenda!

Come gli spartani! Gli spartani sono duri, gli spartani si allenano, gli spartani non si ritirano, gli spartani non si arrendono. Sono guerrieri, sono leggende. Non si preoccupano della morte, ma solo di essere all'altezza di ciò che ci si aspetta da loro. Si aspettano di morire con onore in battaglia e questa è la loro vita. Niente di più.

Anche voi fate lo stesso. Si vince o si fallisce. Non ci sono mezze misure. Dovete essere consapevoli che non avete nulla da perdere. Ed è meglio non mettersi contro qualcuno che non ha nulla da perdere, perché non tratterrà nulla, non si farà intimidire, non gli importa nulla. Come in Fight Club.

Una volta sono uscito da solo nei pub. Due ragazze mi hanno visto e sono entrate. Mi hanno chiesto: "Cosa ci fa un ragazzo come te qui da solo? Perché sei da solo?". E ho detto: "Sono solo perché non me ne frega niente di niente. Non se lo aspettavano e sono rimasti colpiti. Si sono trastullate, ne ho afferrata una, le ho baciato il collo, le ho toccato la pancia, non l'ho arrotolata. Non me ne fregava niente. Me ne sono andato.

Un'altra volta sono uscito travestito da psicopatico, con una di quelle maschere con i buchi nella bocca di un pazzo pericoloso, come Hannibal Leccter. Non ho mai visto le ragazze così attratte come quel giorno. Tutti guardavano, erano spaventati e attratti da lui. In una di queste, al pub, ho tirato fuori un pezzo di lingua dal suo buco senza nemmeno parlarle. La ragazza venne e lo succhiò. Dopo mi ha tolto la maschera e ha detto: "Fantastico. E ha iniziato a sbaciucchiarsi. L'intero pub era stupito.

Una volta, nel 1991, alcune ragazze bussarono alla porta di un bagno unisex in un locale notturno. Bussavano alla porta. All'improvviso, la porta si aprì e ne uscì un eroe. Una leggenda. Non so chi fosse. Non l'ho più rivisto. Le ragazze rimasero lì a fissarlo, allucinate. Non lo conoscevano affatto, era ovvio. Un ragazzo alto con una grande pianta, avanzò lentamente e con calma e disse: "Sei stato tu? -E puntò il dito contro uno di loro. Riuscì a malapena ad annuire con la testa. Il ragazzo le si avvicinò, l'abbracciò e, senza dire una parola, la baciò proprio in quel momento. Dopo qualche secondo si staccò e se ne andò senza dire nulla. E rimasero lì a guardarsi, come a dire: "Cos'è successo? Leggenda! Fate della vostra vita una leggenda. Vivere all'altezza del proprio ideale. Sii il tuo eroe.

# Capitolo 63: Domanda.

Non accontentatevi di poco. Non accontentatevi di un semplice "ok", volete il meglio. Volere tutto e subito. Non limitatevi. Se si è agli inizi, o dopo una grande crisi, è meglio continuare ad aggiungere, anche se la qualità diminuisce, ma di solito è necessario mantenere un buon standard. Pensate alla vostra leggenda.

È necessario migliorare costantemente tutti i parametri. Misuratevi con i migliori.

Miglioramento:

- Il vostro fisico.
- La tua voce.
- I vostri vestiti. Anche se va bene qualsiasi, se potete migliorarlo, miglioratelo.
- L'immagine di sé.
- Il vostro biglietto.
- La sua abilità con le parole.
- La vostra gioia.
- La vostra sfacciataggine.
- La vostra chiusura.
- La vostra tempra.
- La qualità delle ragazze che arrivano.
- L'impatto che provoca.

I frutti del miglioramento arriveranno: più successi, più qualità delle ragazze che ottenete, più padronanza nelle relazioni da parte vostra. Più sesso e sesso migliore praticando senza sosta. Faranno le cose che volete voi e saranno quelli che si innamoreranno o che vi piaceranno molto e voi resterete calmi senza perdere la strada.

# Capitolo 64: Buona compagnia.

Tra il 1999 e il 2006 avevo un amico, un francese dal fisico eccezionale e molto intelligente, che era il mio compagno d'armi. Il ragazzo aveva una potenza bestiale ed era un flirt esagerato.

Veniva in estate e anche a Natale, Pasqua, ecc. Dal momento in cui l'ho conosciuto, mi preparavo ogni volta che partiva, per poter stare al passo con lui. Ho chiesto a me stesso. In sua assenza, non avevo dubbi che fosse il più forte della città, ma ogni volta che veniva mi picchiava. Ho pensato: "Non sarà più in grado di battere questo" e lui è venuto a farlo. Il fatto è che ci ammiravamo a vicenda. Era molto più giovane, diceva a tutti che ero il suo insegnante, che sapevo molto, facevo molto e avevo molto potere. Ha imparato delle cose da me. Atteggiamenti, comportamenti, concetto di sé. Queste cose le ho messe qui.

Era molto bravo con le persone, molto elegante ed educato. Sapeva cosa dire a ogni persona e ha detto la cosa più lusinghiera su di me, che doveva a me tutto quello che sapeva sulle donne. Suppongo che una buona percentuale di questa affermazione fosse vera, ma sono sicuro che non lo era al 100%. Era un ottimo bastardo.

Dopo che, anno dopo anno, continuava a chiamarmi padrone, essendo io il più forte, gli ho detto: "Io non sono il tuo padrone, tu sei il mio". E ha smesso di farlo. Un giorno gli chiesi: "Cosa ti ho insegnato in questi anni? -E disse: "Mi hai insegnato a **essere consapevole del mio potere!** Ce l'avevo anch'io e non me ne ero accorto. Che bella risposta! Ero molto grato.

Grazie a lui, ho alzato il livello a livelli mai visti prima. Alcune notti l'ho persino eguagliato o addirittura superato. Se non fosse stato per lui sarei stato meno.

Loquillo canta una canzone intitolata "Quando eravamo i migliori". Credo che lo fossimo.

Alla fine è diventato così potente che è già sfuggito al mio normale livello di successo facendo cose incredibili. Entrambi siamo cresciuti soprattutto grazie all'altro.

Una sera ne ha baciati sei nello stesso pub. Ogni sera che usciva, ne baciava almeno tre e andava a letto con almeno una. A volte ha dormito con fino a tre sconosciuti nella stessa notte. Brutale. Potrei scrivere molto su questo argomento, raccontando aneddoti, fatti che entrambi abbiamo fatto e che sono leggenda!

A causa di storie di vita, poco importanti per me, ma importanti per lui, si è arrabbiato e il rapporto si è rotto.

Ha continuato la sua carriera da solista e non è più tornato qui, lasciando ottimi ricordi. Non si è mai visto nulla di simile prima d'ora. E non credo che lo farà mai.

Finalmente dopo più di 13 anni gli ho mandato un messaggio su facebook e mi ha chiamato. Che forza! E nel 2019 il figliol prodigo è tornato. L'avvento ha avuto luogo. Abbiamo ripreso la nostra amicizia. Eravamo di nuovo i migliori.

Questo serve come esempio per sensibilizzare sulla necessità di una buona compagnia, che ti solleva e ti porta di vittoria in vittoria.

# Capitolo 65: Pratica.

Un buon seduttore massimizza le sue opzioni, quindi bisogna lavorare su tutte le strade. Uscite il più possibile, non perdete mai l'occasione di allenarvi.

- Leggere libri sulla seduzione.
- Guarda i video di seduzione
- Cercare buone amicizie.
- Andare agli eventi e avere una vita sociale.
- Mettersi in discussione.

Alla fine **la cosa più importante è l'azione**. Senza l'azione nulla è più che teoria. Un praticante ignorante fa più di un teorico inattivo. Buona fortuna amico mio!

# Capitolo 66: Avere una vita di design.

La vita che conducete ora è una creazione della vostra mente. La vita che desiderate è una creazione della vostra mente. Concentratevi sul coraggio necessario per intraprendere le azioni necessarie a realizzare la vostra vita di design, à la carte. Ideato da voi.

Lasciare andare le paure. Vi fanno vivere la vita di default che avete.

Per fare questo è come se foste un'azienda. Avere un piano di miglioramento, un piano strategico,

Ambizioso. Molto ambizioso.

**1** Con una missione generale.

**2** Con obiettivi. Devono essere misurabili. Non basta dire "essere disinibiti". Ma per dire "avere abbastanza disinibizione da portarsi dietro almeno 6 ragazze ogni sera".

Lasciateli stare:

- Quantificabile.
- Con data di conseguimento.
- Raggiungibile.
- Motivatori.
- In sequenza, dal più facile al più difficile.

**3** Con azioni concrete. Che vi portano a raggiungere ogni vostro obiettivo in tempo.

Ricordate che se non avete un piano, farete cose che servono ai piani degli altri.

# Capitolo 67: Siate spudorati.

La timidezza che abbiamo mostrato da giovani è un male terribile che ha minimizzato la nostra attrattiva. Non fate più finta di niente mostrandovi timidi, per cose normali come entrare. Più si entra e più si ha successo, più si diventa spudorati. Sarete più sicuri di voi stessi e più diretti. La spudoratezza è come la benzina del seduttore.

Un flirt è un ragazzo che entra in gioco e fa in modo che coloro che stavano cercando il premio si arrendano.

Lo si vede, lo si inserisce e lo si collega. Bravo. L'avete colpita perché l'avete mostrata.

- Che non avete paura di lei.
- Che le sue azioni per valorizzare se stesso al di sopra di voi non hanno funzionato per lui.
- Che la vostra realtà è più attraente della sua.
- Che sei un ragazzo di alto valore che non la ammira e non le fa la corte.
- Che sei divertente.
- Che sei cattivo.
- Che siate sicuri di voi stessi e che abbiate un carattere disinvolto.
- Che si diverta molto con voi.
- Voi chiedete e lui vi dà.
- Che vi ringrazia per quello che avete fatto.

Che dire, sei un vincitore. Questo è ciò che voglio. Quello è il mio ragazzo, un furfante.

Un mio amico, nel bel mezzo della piazza del pub, piena di gente e in presenza di alcune ragazze che avevamo appena incontrato, ha detto questo alle ragazze di punto in bianco.

- Se porto qui la chorrilla, mi tengo la pina...

L'espressione significa che la gente penserebbe che è divertente, lo apprezzerebbe e farebbe il tifo per lui. Ha, ha, ha, ha, ha, ha.

Erano stupiti. Non gli importava cosa pensassero, si divertiva.

Questo è essere un furfante.

# Capitolo 68: Assumetevi la responsabilità dei vostri pensieri.

Vediamo ciò che crediamo. Ciò che è fuori è il riflesso di ciò che è dentro. Nella nostra testa dobbiamo assumerci la responsabilità dei nostri pensieri. Non possiamo avere idee negative, pensieri disfattisti. Se immaginiamo persone cattive, ostili a noi, le nostre azioni ci porteranno a situazioni in cui abbiamo ragione. E troveremo quelle persone o situazioni ostili.

Pertanto, chiunque dica cose oltraggiose come:

- Sono puttane.
- Sono cattivi.
- Sono incomprensibili.
- Sono tutti interessati.
- O qualsiasi cosa negativa su di loro.

Non sta facendo altro che danneggiare se stesso. Ebbene, questo è ciò che scoprirà. Perché è sensibilizzato a vederlo.

A parte questo, mostra una frustrazione e un risentimento che non dicono nulla di buono su di lui. Né del suo successo con le ragazze. Queste persone frustrate sono esempi di nulla e vanno compatite.

Propongo di pensare positivo e troveremo cose positive. È molto facile lamentarsi. Bisogna vedere l'amore, la bellezza, la buona fede, la tolleranza, la gentilezza e l'umanità che hanno, e questi valori verranno in superficie man mano che ne saremo consapevoli. Ama il tuo prossimo, non odiarlo.

Essere risentiti è un errore. Ora capisco che questa è una guerra e che, anche se la si vince, ci sono delle vittime e molti innocenti ne fanno le spese. Quindi. Pace e amore. Dare amore e ricevere amore. Ma non a tutti, siate intelligenti. Solo a chi se lo merita. Se fai l'innocente, verrai massacrato.

Potete essere scortesi, sgradevoli, se necessario. Non sorridere sempre a tutti. Siate, come dovete essere. Tendere allo stato di felicità. La stragrande maggioranza è gentile e cordiale. Quindi utilizzare le tecniche spiegate.

Devi essere felice. Essere gioiosi, divertirsi, essere spensierati. Flusso.

# Capitolo 69: Gestione del portafoglio.

Quando avete diverse ragazze da incontrare, dovrete stabilire delle priorità, perché probabilmente non potrete occuparvi adeguatamente di tutte. Quindi, li organizzerei come segue.

**Progetti.** Ragazze che continuano a sedursi a vicenda. Non ci sono stati né sesso né baci. Richiedono un investimento di tempo. Se in tre appuntamenti non si fanno progressi, bisogna disinvestire e passare a un altro. Sono il futuro. Non c'è limite al loro numero, ma è meglio averne pochi e progredire che averne molti senza un futuro chiaro.

**Nuove ragazze.** Si tratta di ragazze che si sono baciate ma non hanno ancora fatto sesso. Se non si dà loro l'attenzione di cui hanno bisogno, non fanno sesso ed è un peccato perché potrebbero farlo. A volte, l'eccessiva attenzione che richiedono impedisce loro di dedicare il tempo e l'impegno necessari e rimangono così. Altre volte, non avanzano perché ci sono sempre altri migliori attivi e non ci si dedica a loro. Rimangono, per così dire, nella riserva. Aspettano un congedo, che o non avviene o, se avviene, un altro va in servizio attivo e non lo fa mai. Avere più di tre persone è stressante. È meglio agire in modo sequenziale, prendere una fase e passare a quella successiva e poi a un'altra. Non iniziarne troppi e non finirne troppo pochi.

**Ragazze attive.** Quelli che hanno già avuto rapporti sessuali. Tre al massimo. Di solito sono i più interessanti perché si esibiscono e non si deve lavorare così tanto come con gli altri. Se una nuova ragazza diventa una ragazza attiva e ce ne sono altre 4, ne lascerei una delle 4, quella che mi piace di meno. I criteri per lasciare o continuare sono soggettivi. Mi baso su ciò che mi attrae di ciascuna, la qualità del sesso, i problemi che dà, la distanza o la facilità di vederla. Più semplificato sarebbe il criterio WPFO: la peggiore prestazione è la prima ad essere eliminata. In inglese, worst performance first out. Arriva un giorno in cui iniziano a lamentarsi troppo, il momento ideale per lasciarli.

In tempi di vacche grasse, il turnover è elevato. Difficilmente rimangono in ogni fase, lasciando molti senza sesso per mancanza di attenzione e di tempo. Le ragazze molto brave vengono sprecate perché ce ne sono di ancora migliori. In tempi di magra, si protraggono all'infinito. E le ragazze poco attraenti possono rimanere attive per molto tempo perché non vengono generate nuove iscrizioni.

Vi consiglio di annotare sul calendario i giorni di appuntamenti per sedurre nuove donne, i giorni di appuntamenti per andare avanti con quelle che avete baciato e con cui non avete fatto sesso e i giorni di appuntamenti per fare sesso con quelle che sono attive. In questo modo sarete più organizzati. È possibile inserire colori diversi. Io lo chiamo "il follogramma".

Una volta raggiunti gli obiettivi, che tutti sappiamo quali sono, spesso è meglio abbandonarli, se non sono molto eccitanti. Non li vedrete quanto è necessario vederli e vi daranno delle lamentele. Perciò non bisogna agitare il polso quando si tratta di eliminarli. Avere amanti che non vi convincono, vi scredita. E si perdono le opportunità di incontrare gli altri.

# Capitolo 70: Diventare il loro eroe.

Non accontentatevi di essere cool, aspirate a essere il massimo. Il tuo eroe.

Le ragazze vogliono uscire dalla routine della vita quotidiana. Molti di loro non sanno o non hanno il tempo di fare ricerche e approfondire gli argomenti. Dovete essere esperti in diverse cose.

**Visitare luoghi interessanti**. Portatela in castelli, fortezze, montagne, fiumi dove non c'è nessuno, spiagge deserte, grotte, natura, case rurali, ristoranti cool, villaggi remoti e rustici, paesaggi. Avere un vasto arsenale di luoghi interessanti da visitare con loro. Essere un geografo con un grande senso dell'orientamento. Portatelo in auto con velocità, precisione ed efficienza. Guida molto bene. Che mostri padronanza e controllo, sia dell'auto che della geografia.

Avere sempre **progetti eccitanti e divertenti**, essere originali. Visitate cantine, pub affascinanti, spettacoli e concerti. Portatela fuori a mangiare tapas, a degustare vini, alle terme, in un centro benessere. Sorprendetela, variate, fate in modo che non sappia cosa aspettarsi.

Sorprendetela con la conoscenza della storia, dell'arte, della letteratura, non si tratta di mettersi in mostra, ma di avere una grande cultura e di tirarla fuori quando se ne presenta l'occasione.

**Fate attività coraggiose o rischiose** con lei. Cose che fanno paura. Un'escursione notturna, una casa abbandonata, una scalata o un trekking rischioso. Affrontare con decisione le situazioni difficili. Proteggerla.

Suonate **buona musica**, ci deve essere sempre gioia nella vostra vita. Ogni giorno di svago sarà buono se c'è:

- Un luogo interessante da vedere.
- Un'attività emozionante.
- Buona musica.
- Un po' di alcol per renderlo disinibito, con attenzione se si deve guidare.
- E naturalmente il sesso. Se è nella natura, tanto meglio, più emozione. Questa è quella che io chiamo pornoescursione.

**Risolvere le cose** che non può risolvere da sola. Aiutatela. Consigliatela su questioni che sono di vostra competenza. Gestire le cose per lei. Risolvere i problemi, come il signor Lobo.

**Mostrarle la sua padronanza sessuale**. Rendetela estasiata dalla vostra performance.

Lasciate che vi ammiri. Siate il suo eroe.

Tutto questo la fa andare fuori di testa e vuole stare con te. Ma non dimentichiamo che questa è un'immagine gentile e affascinante che diamo e che in realtà siamo noi il predatore.

# Capitolo 71: Colpi e mancanze.

Una notte venne nella mia città un maestro di altissimo livello. L'esponente massimo della scuola di durezza. Che si prodiga anche in altre scuole, come quella della sfrontatezza. Io e i miei soliti amici siamo usciti con lui. C'era poco da fare e noi eravamo tutti molto inattivi, non c'era quasi nessuno. Il sensei beveva come se non ci fosse un domani, mentre tutti pensavano che fosse pazzo.

Alla fine stavamo per andarcene, mi sono avvicinato per dirgli che ce ne stavamo andando. Era laggiù, separato dal gruppo, che si aggirava, e rispose con voce tonante: -ERRORE!

Poi, senza dire una parola, furioso per una tale mancanza di fede, afferrò e penetrò la ragazza più sexy del locale. Uno di quelli che si impongono, e in pochi secondi ci stava provando con lei.

Lì siamo rimasti a bocca aperta. L'ha presa e siamo andati via a mani vuote.

Non voglio incoraggiare l'alcolismo, ma voglio incoraggiare il coinvolgimento e il massimo impegno. Non si dovrebbe andare a casa se non si è fatto del proprio meglio.

Non esistono giornate storte, ma solo cattivi seduttori. Le opportunità ci sono sempre, a volte meno persone ci sono, più è facile.

Rimanere a casa - SBAGLIATO!

Torna presto. ERRORE!

Non c'è abbastanza impegno. ERRORE!

Cancella la notte. ERRORE!

Nessuna voce. ERRORE!
Prenotare per un altro giorno - SBAGLIATO!
Siate sempre "in fiamme", attivi!

# Capitolo 72: Fuori dal guardaroba del donnaiolo.

C'è molto da imparare dai gay, che sono passati dall'essere perseguitati all'essere incoraggiati. Tutto il contrario del donnaiolo, che da ben considerato è diventato un fuorilegge.

Quanti uomini che fanno le donne conducono una vita falsa, fingendo di essere formali. Sono coscienti di sé e si reprimono per non scandalizzare. Non sono se stessi, non possono parlare di ciò che amano. Vivono nella menzogna e soffrono!

Cadono in fidanzamenti o matrimoni insostenibili e conducono una vita nascosta. Non possono nemmeno parlarne. La solitudine è la loro compagna quando sono con il partner. La povera donna dovrà subire le sue infinite assenze, e lui non è in grado di rompere la relazione. Per attaccamento, affetto, abitudine o altro. Passano lunghi anni a mentire alla moglie e a sentirsi frustrati per non potersi dedicare a ciò che gli piace. Danneggiando il loro povero partner. Ecco perché dico.

LIBERATEVI!

Rompete la vostra relazione e gridate dai tetti: sono un donnaiolo! La società vi tratterà meglio se lo farete e smetterete di soffrire. Quindi, fate come i gay e uscite dall'armadio. **Uscire dall'armadio del donnaiolo.**

# Capitolo 73: Essere il predatore.

Se facessi un libro su come sedurre e conquistare una ragazza single, il capitolo "sii il suo eroe" sarebbe il migliore del libro. Ma non vogliamo una sola ragazza.

Che nessuno vi dica mai che quello che state facendo è sbagliato, immorale o spregevole. Siamo necessari. Molto utile alla società. Difendetelo sempre. Così come altri hanno una funzione di riproduzione e mantenimento della famiglia, e incidentalmente della specie. Ho il massimo rispetto per questo. La nostra funzione è necessaria quanto la loro. Molti di noi si sacrificano per questa causa e rimangono senza riprodursi quando avrebbero potuto farlo molte volte. Facciamo questo sacrificio per le nostre idee di libertà e divertimento, ma anche per loro.

Perché:

- Siamo noi che li intratteniamo.

- Siamo noi a farli sognare.
- Diamo, le emozioni intense.
- Diamo un piacere sessuale di alto livello, che solo il seduttore può dare. Ne hanno tanto bisogno, tanto bisogno. Sono stufe di andare a letto con ragazzi inesperti.
- Non bariamo (o bariamo molto poco).
- La togliamo dalla monotonia.

Si divertirà moltissimo e lo ricorderà per il resto della sua vita. In seguito, lasciatela sposare con un altro. Questa funzione non ci appartiene e se qualcuno la svolge, lo farà male e sarà una grande delusione per lei. Bisogna avere il coraggio di sacrificarsi e perdere le ragazze. Vogliamo perderli. Ci piace. Sempre in evoluzione. Ci salutiamo con amore e gioia. E ne prendiamo uno nuovo. Il **nuovo è sempre il migliore**.

In natura ci sono il lupo, il leone, il coccodrillo. Non sono cattivi, sono buoni per l'ecosistema, svolgono la loro funzione. Noi realizziamo il nostro.

È come la chiamata che arriva alle persone religiose, che Dio le chiama. Se sentite di averne abbastanza del convenzionalismo e della rassegnazione. Se avete il desiderio di vivere liberamente, senza impegno. Se volete godervi le donne e il sesso. Non ignorare la chiamata, ma obbedire.

Essere il lupo che divora le pecore.

Il leone, a caccia nel prato.

Il coccodrillo che mangia la zebra nel fiume.

L'aquila che uccide la lepre.

**Il seduttore, che incassa il denaro della bella ragazza.**

# Capitolo 74: Ultra-sicurezza.

La fiducia in se stessi è necessaria per qualsiasi cosa nella vita, ma nel campo della seduzione è necessaria una fiducia estrema. Il seduttore è sicuro di sé, non ha paura di avvicinare qualsiasi ragazza, in qualsiasi circostanza, ovunque e in qualsiasi momento. Il vero seduttore che ha piena fiducia in se stesso è sempre pronto, desideroso di agire e di cercare sfide. Nel suo intimo pensa di essere il miglior seduttore di tutti gli uomini in circolazione. Si chiede se, tra le migliaia di ragazze in circolazione, ce ne sarà una all'altezza.

È come le arti marziali, le arti dell'amore.

È come se ci fosse un combattimento e tu fossi Bruce Lee in persona.

Come se ci fossero delle gazzelle che trottano e voi foste la tigre.

Pensate che abbia paura, la tigre delle gazzelle?

Per acquisire questa ultra-sicurezza c'è solo un modo per **praticare** tutte le modalità di seduzione. Di notte, su internet, di giorno, in spiaggia, al supermercato, al lavoro, ovunque, praticando e praticando per decenni dalla pubertà fino alla morte.

Forse non arriveremo a tanto, ma sicuramente ci spingeremo il più lontano possibile. E il top è stabilito da voi, con quello che pensate di voi stessi.

Alla fine è tutto relativo, arriverete fino a dove pensate di meritare di arrivare. Per questo dobbiamo pensare al meglio di noi stessi. Essere persone senza limiti, infinite, potenti, leggende, eroi. Hulk, Superman, gli Spartani.

Quello che sto dicendo è più importante di quanto pensiate. **Per vincere sul campo bisogna vincere prima di tutto con la testa.** Ottenere la massima sicurezza. Visualizzate voi stessi mentre raggiungete i vostri obiettivi, entrate nella mentalità di ottenere un corpo e una mente perfetti e diventate una macchina di seduzione. Credete di essere ultra-attraenti e degni del meglio.

Al di sopra di chi corre c'è chi vola.

.

# Parte VIII

# Lasciare la pentola

# Capitolo 75: Il vostro migliore amico.

Il vostro migliore amico dovrebbe essere sempre il vostro pene. Dovete occuparvi delle sue esigenze. Pensateci, coccolatelo, trattatelo bene e dategli una vita interessante e divertente. Non fatelo annoiare, fatelo muovere. Non vogliamo peni tristi. Vogliamo avere peni esausti per il duro lavoro svolto. Rafforzato dall'uso. Forte e vigoroso. Le ragazze cambiano, ma il tuo pene è sempre lì. È il vostro strumento di piacere. Tutto ciò che fate è per renderlo felice. Le ragazze passano, il tuo pene rimane. Ognuno dovrebbe scrivere una poesia al proprio pene. Amarlo e rispettarlo. Siete sposati con il vostro pene per tutta la vita. Il divorzio non è possibile. Ogni sforzo viene fatto per lui. È più del vostro migliore amico, è colui che servite. È il re.

***

GRIDA VIVA IL MIO PENE!

# Capitolo 76: Come avere rapporti a tre?

Se tutto va bene, potrebbe arrivare un momento in cui non avete tempo di vedere le ragazze che state rimorchiando. Poi ti viene l'idea di mettere insieme due ragazze in modo da poterne vedere due allo stesso tempo.

È importante non mentire mai e, ad esempio, se uno dei due è quello ufficiale, farlo sapere all'altro. Anche se avete una relazione nascosta con lei. Probabilmente vi piacerete molto e diventerete amici.

L'ho fatto, mettendo insieme diverse ragazze che ho raccolto. Bisogna cercare di riunire i più aperti e viziosi.

Se scoprite che una di loro è bisessuale, o vi parla di ragazze, o ha provato delle ragazze, è ottima per questi scopi. Portateli fuori a divertirsi, a bere vino e birra, e cercate di portarli in posti dove potrebbe succedere qualcosa. Le cose accadono se si verificano queste circostanze:

- Due ragazze dalla mentalità aperta.
- In uno stato ricettivo festoso.
- In un luogo dove le cose possono accadere, dove nessuno può vederti.

DOVRESTI LIMONARE CON uno davanti all'altro. Lasciatela eccitare. Alla fine penserà colui che non baciate.

-E perché non io? Anch'io sono coinvolto con lui. Non è giusto. Anch'io voglio farlo. Possono suggerire di farlo da soli, come è successo a me. In caso contrario, si va da loro e si suggerisce, oppure si chiede direttamente a loro. Potrebbero sorprendervi e darvi ragione.

La cosa "bi" dovrebbe essere incoraggiata e loro dovrebbero essere incoraggiati a sbaciucchiarsi a vicenda.

Portate una di loro in un sito per scambisti e scambiatela con un'altra. In questo modo non si tratta di un rapporto a tre, ma almeno si ottiene un altro senza fare sforzi.

Per questo anche gli ambienti gay sono buoni perché ci sono ragazze bisessuali. Una zia bisessuale è un bene molto prezioso. Tenetela come amante o come amica, vi fornirà altri e numerosi vizi. Lavorerà persino per voi portandovi ragazze per incontri a tre, in cui non dovrete entrare o sedurre.

È possibile negoziare con la ragazza bisessuale. Puoi proporle di presentarle alcuni ragazzi, in modo che possano andare a letto con lei (niente sesso a tre con ragazzi, mai) e che lei ti porti in cambio alcune ragazze. Oppure potete farle conoscere qualche ragazza ancora più brava. Non vi interessa se va a letto con altri, ma trarrete beneficio dal fatto di andare a letto con lei e con gli altri che vi mette a disposizione.

# Capitolo 77: Non basta vincere, bisogna schiacciare!

**S**e avete rimorchiato una ragazza sexy, è molto importante che tutti lo vedano.

Per farlo, oltre a nascondersi quel tanto che basta perché lei la baci, voglio che si metta in mostra e che tutti vedano il re, trionfante.

Vi apprezzeranno o vi criticheranno, ma saranno invidiosi, sani o meno. L'effetto che questo ha su di loro è terribile. Criticheranno lei e anche voi. Lo faranno. Solo le ragazze molto sicure di sé la loderanno.

Avrai dimostrato di essere un ragazzo potente in grado di conquistare una ragazza sexy, loro lo vedranno e ti considereranno automaticamente qualificato per rimorchiare altre ragazze come quella e, naturalmente, tutte le ragazze di livello inferiore. Sarete cresciuti nella loro stima.

Se giorni dopo vedete delle ragazze e parlando con loro la criticano davanti a voi, allora sono invidiose da morire e sono potenzialmente ottenibili.

Se siete in due, fateli vedere, fateli parlare, fateli criticare. La critica e l'invidia sono la loro dichiarazione di inferiorità.

Se ne trovate due insieme e uscite con entrambi, fantastico! Non smettono di parlarne. E non c'è pubblicità migliore di quella negativa. Dà il necessario tocco da duro.

I più coraggiosi vogliono provarci, vogliono vedere se sono all'altezza di domarvi e di ottenere quel successo, o di farvi innamorare di loro e passare da cacciatori a cacciati, o semplicemente li mettete, perché vi vedono vincenti. Vogliamo ciò che funziona.

Ti sei baciato con tutti loro, senza dissimulare. Se può essere con due persone contemporaneamente, tanto meglio. A distanza di anni si ricorderanno di voi e rimarrete nella loro mente come un flirt per la vita.

La modestia è ridicola. È tipico dei ragazzi anacronistici, gentili, quasi medievali. Non sono della nostra razza. Ogni giorno che esci con uno di loro, usa tutto il tuo arsenale. Più ne avete, più ne arrivano. Una festa del cazzo. Fatevi vedere con gli altri, con le ragazze con cui avete rapporti. Fantastico anche questo, non gli avete promesso nulla. È un tuo diritto, sei libero e non devi rispondere a nessuno di loro. Che si arrabbino, che invidino. Tutto questo vi darà il punto di vista di mascalzone, furfante, duro e attraente, che loro odieranno e ameranno così tanto. Scatenerete il caos.

Sì! Convincete anche i suoi amici. Davanti a lei, che meraviglia! L'ho fatto. Causare scontri tra di loro. Fate sapere loro che a nessuno di loro è garantito un posto. Che hai una scelta e che lei non è una delle tue preferite. Non se l'è guadagnata.

Se potete, fate sesso a tre. Esci, flirta o almeno provaci, e se non ti sei bagnata, invece di tornare a casa da sola, chiama uno che hai a portata di mano. Ti scopa e ti apre perché hai il coltello dalla parte del manico. Alle 5 del mattino andate a casa sua e vi infilate subito nel suo letto.

Se ti piace una ragazza e la sera sei con un'altra a bere qualcosa, la lasci e vai a prenderla. Ho fatto cose davvero barbare, come uscire con una ragazza e provarci con lei, o sbaciucchiarla, o portare un'altra ragazza a casa mia. Ti perdonano tutto, perché ti amano e tu non tradisci. Voi siete la sfida, il premio e tutti vogliono venire con voi. Sanno che quel giorno andrai con un'altra, ma che un altro giorno andrai con lei. Questo li conforta.

Succhia, la normalità fa schifo. Differenziatevi dalle persone timorose e ingenue. Quelli che volete prendere sono i primi che devono guardare l'intero spettacolo.

Quello che chiedo qui, lo so, è alla portata solo dei grandi iniziati e non è la norma. Se avete un fisico straordinario e una mente ben programmata, potete farcela. Se avete solo la mente, sarà più difficile raggiungerlo, ma potete anche farlo. Impegnandosi di più.

C'è un lottatore di braccio di ferro, un ragazzo che fa il braccio di ferro per vivere, chiamato Devon Larrat. Il suo motto è "No limits". Tutto è possibile.

# Capitolo 78: Togliere la R all'amore.

Chi vuole avere una ragazza quando può avere una schiava del sesso?

Con una fidanzata bisogna sopportare tutte le sue richieste e tutte le sue recriminazioni. Non potrete mai fare sesso a meno che lei non voglia farlo e vi darà del sesso molto limitato a suo piacimento. Per me non è il sindacato giusto.

Tuttavia, una schiava sessuale sarà sempre disposta a soddisfare ogni vostra richiesta e perversione. Cose che una fidanzata non farà mai. Di solito qui si fa quello che si vuole, quando si vuole, come si vuole, trattandola in modo rude e dominante. È un gioco di ruolo molto interessante.

Qualunque cosa si dica in giro, le ragazze, soprattutto quando hanno fatto molta pratica, diventano viziose e amano essere dominate a letto. A loro piace quando li colpisci forte, quando gli tiri i capelli. A loro piace essere posseduti e sottomessi. Questo deriva dal Paleolitico, quando le cose andavano così, l'uomo dominava. È particolarmente eccitante tirare loro i capelli.

Sfruttando i social network, è possibile trovare ragazze che amano questo genere di cose. Sessualizzando un po' la conversazione, possiamo incanalarla verso il tema della dominazione, del padrone e dello schiavo. Non sarà difficile trovare una ragazza sottomessa che sia disposta a soddisfare ogni vostro desiderio. Non è forse il desiderio più grande degli uomini quello di avere una completa soddisfazione sessuale? Quante volte la ragazza si prende cura di voi? Quante volte siete soddisfatti? Si diventa così affamati e dipendenti che è molto frustrante. Bisogna chiederlo e raramente lei accetta. Non qui. Qui si fa quello che si vuole.

Pertanto, di fronte al convenzionalismo di avere una fidanzata o, peggio, una moglie, propongo la spudoratezza di avere una schiava. Lasciate l'inferno dell'innamoramento ed entrate nel paradiso della sottomissione.

Lo consiglio sinceramente. È possibile stipulare un contratto e tutto il resto. Per una volta nella vita sarete sessualmente soddisfatti. Lei sarà super eccitata e anche voi, molto più che con il sesso normale. Il **BDSM vi restituisce il potere perduto**. Potrete avere diversi schiavi e avere rapporti a tre molto più facilmente.

Potete vestirla come una scolaretta, una prostituta o come volete. Potete punirla se non esegue bene i vostri ordini.

Dove si è visto questo in una relazione normale? Sarebbe un oltraggio intollerabile. Viola i vostri diritti. E giustamente ti metterebbero in prigione. Ma questo è acconsentito e incoraggiato da lei, che accetta volontariamente. Perché è anche un modo di espressione sessuale che la soddisfa. Chi critica questo aspetto dovrebbe pensare che ci sono anche mistress che dominano gli uomini.

E se vi piace l'amore, potrete averlo anche voi semplicemente finendo il gioco di ruolo.

Trasmettere l'amore ed essere il **maestro**.

# Capitolo 79: Come essere il fottuto maestro?

Quando si interiorizzano bene tutti gli insegnamenti di questo libro. Inizierete ad avere un successo travolgente e a conquistare ragazze con facilità. Inizieranno ad accumularsi su di voi e arriverà il momento in cui sarete nei guai per questo. Diventerai il fottuto maestro. Il maestro del cazzo, non gli importa molto delle ragazze che rimorchia. Una volta che avrete fatto tutto con l'ultimo, sarete concentrati sul mantenimento della produzione. Non preoccuparsi di perdere quelli che si hanno. Anzi, di volerli perdere. Sarai un maestro quando farai la maggior parte di queste cose:

- Fare sesso ogni settimana con ragazze diverse.
- Vai a letto con tre persone nello stesso giorno.
- Ci si fa male a furia di scopare.
- Avere un minimo di tre amanti.
- Uscire in tranquillità e flirtare.
- Vi manca il tempo per vedere tutte le ragazze che vogliono vedervi.
- Potreste doverli scartare per impossibilità a partecipare.
- Vi invitano.
- Ti offrono di dormire con loro e tu rifiuti.
- Ragazze provenienti da lontano (1000 km) vengono a trovarti.
- Avere rapporti a tre.

- Vai a letto con una e non sai nemmeno come si chiama.
- Baci diversi nella stessa notte.
- Fare di più in una notte con una sconosciuta che con la tua ragazza.
- Gli fai fare sesso anale.
- Lasciate che li leghi al letto.
- Entrano in voi.
- Rimorchiate tutte le ragazze di un gruppo di amici.
- Chiamatene uno e ditegli - Voglio dormire con te adesso - e venite.
- Scopa con una vergine di oltre 40 anni.
- Limonare con una lesbica.
- Ti lasciano filmare mentre ti scopano.
- Avere ragazze per soddisfare tutte le vostre perversioni.
- Ne raccogli centinaia e ne scopi cento.
- Avere schiavi del sesso.
- Te ne scopi una, mentre lei parla al telefono con il suo ragazzo.
- Esci con una ragazza per una notte, la scarichi e vai a rimorchiarne un'altra. E tu la prendi in braccio. E il disprezzato ti perdona.
- Vi invitano a viaggi, terme o luoghi costosi e voi dite di no.

Allora sarai il fottuto maestro.

# Capitolo 80: Essere il premio.

Se sei un ragazzo attraente devi sempre pensare a te stesso come al premio. Pertanto, il suo comportamento è tutt'altro che normale. Spesso è addirittura l'opposto di ciò che viene considerato corretto e seducente. Potete permettervelo.

**Le ragazze vogliono invitarti**. Proprio come sembra. Commettono gli stessi errori degli uomini dipendenti. Perché si considerano inferiori a voi e vogliono rimediare. Non mi piace molto. Uguaglianza. Il fatto che lo vogliano è segno che state facendo molto bene.

**Le ragazze vengono da voi da un'altra città.** Proprio il contrario di quello che fa la maggior parte delle persone. Non è sempre così, e forse nemmeno la prima volta. Ma arriva un momento in cui voi non andate a trovarla e lei viene a trovarvi.

Le ragazze con cui stai si **complimentano con te**.

**Vi invitano a casa loro** e vi trattano come un re. Vi invitano a tutto, pranzo, cena, pernottamento. Si danno da fare per il sesso. Buona vita.

È bene **che investano** tempo, impegno e, se possibile, denaro. Non sono uno che abusa di questo, ma alcuni di loro insistono nell'invitarti e non li fai uscire da lì. In breve, con questo dimostrerete che siete voi il premio.

**Lasciare ragazze molto sexy**. È una grande azione da duro, la gente ne è rimasta colpita. Non basta essere sexy, deve essere anche simpatica e amichevole. Non si è guadagnata la possibilità di stare con te. Un beta bisognoso non lo farebbe mai.

**Limitare fortemente la vostra disponibilità**. In questo modo sarete molto ricercati e quando vi vedranno saranno felicissimi. Sarete molto ricercati. Il giorno in cui volete vederla, cancellerà gli appuntamenti e farà di tutto per stare con voi.

**Dite spesso di no** alle loro proposte. Anche se sono buoni. Anche loro devono essere un po' frustrati. Non date loro tutto ciò che è facile.

Per fare tutto questo è necessario che i concetti siano davvero corretti. Se fingete, sarete un disastro, verrete scoperti e soffrirete. È meglio essere un ragazzo naturale e morbido che un finto duro. E soprattutto, non esitate mai. Se sei un duro, continua ad andare avanti. Se si passa al morbido, si passa al duro. Se passate dal duro al morbido, la pagherete cara. Da morbido a duro, migliorerete. Ricordate che la **morbidezza si ripaga da sola.**

# Capitolo 81: Esecuzione della marmaglia.

Vi parlo di una pessima gestione da parte di un bastardo come esempio di cosa non fare. È magnifico. Accumula errori su errori. La narrazione è in bianco e i commenti in giallo.

Un mio conoscente usciva con uno di loro e si sentiva sempre a disagio durante l'appuntamento, e in più dopo mangiava sempre il cuore a casa.

Errori:

- Disagio.
- Mangiare la pentola.

All'inizio pensò di aver vinto senza aver fatto nulla e disse: "Ciao, ti lascio per lei".

Errori:

- Credere di essere un vincitore prima del tempo.
- Dire le cose come stanno senza riuscirci.
- Sleale nei confronti del popolo.

In seguito ha esitato a incontrarla di nuovo, perché ha detto che era fredda e si sentiva a disagio.

Errori:

- Esitò di nuovo.

Poi non ha voluto vederla, non l'ha più chiamata. Ha fatto finta di essere duro e l'ha cancellata da Facebook.

Errori:

- Lui sta facendo un gran casino per eliminarla, e lei può facilmente capire che avrebbe potuto passarle accanto senza fare questo.

Ma siccome era tenero, rettificò e tornò a trovarla per mentirle, dicendo che l'aveva eliminata per errore, ma non la convinse.

Errori:

- Rivedere il suo essere incongruo, che trasmette la sua esitazione e la sua morbidezza.
- Mentire.
- Non è convincente.

Poi lui ha chiamato con insistenza e lei non ha voluto incontrarlo.

Errori:

- Andare dietro.
- Sopraffazione.

Poi ha passato tutto il giorno a parlarne male con i suoi amici. E ho ottenuto le informazioni sul rimbalzo.

Errori:

- Parlare male di lei.
- Per dare l'immagine di un fallimento frustrato.

Come se non bastasse, quando ha capito che la stava perdendo, le ha scritto un messaggio d'amore che non era destinato ad essere. Nel messaggio le diceva che era la donna della sua vita e che gli avrebbe dato tutto ciò di cui aveva bisogno (le aveva dato solo un brutto bacio un pomeriggio).

Errori:

- Disperato.
- Infatuazione ridicola.

Ho saputo del messaggio e ho detto: "Ha esitato, la pagherà cara". E, ragazzi, ha pagato per questo! L'ha lasciata.

Dopo qualche settimana ha iniziato a parlarmi. Ha scoperto che mi parlava su Facebook e mi ha proibito di parlarle. Allora, indignato da un simile atteggiamento, dissi: "Aggiungo lei e **giustifico lui**". Ho usato la parola "eseguire" perché sapevo che sarei andato a prenderla e lui ne sarebbe stato distrutto. Mi ero trattenuto per lui, ma con questo atteggiamento non sono sceso a compromessi.

Errori:

- Dire alle persone cosa possono o non possono fare.

In seguito ha iniziato a parlarmi di più e dopo un po' ha limonato con me, ma non era esattamente un bacio. Poi l'ha scoperto ed è venuto a insultarmi, e io gli ho detto "lasciami in pace". Alla fine è finito in depressione a causa di quel fallimento e di quella cosa ridicola che ha fatto.

Errori:

- Insultandomi quando lei non era più con lui come se gli appartenesse, quando aveva la sua buona occasione senza che nessuno lo disturbasse.
- Dimostrando che gli faceva molto male che altri avessero successo. Invidia.
- Si deprime per una zia.
- Essere consapevole di ciò che gli altri pensano di lui.

Un intero compendio di errori, 21 in totale.

Ecco come si comportano le persone che non hanno abilità sociali. Ecco quanto è perseguitato il realizzatore tra queste persone. Per quanto mi riguarda, ho fatto bene a non lasciare che nessuno mi dicesse cosa fare. Mi sono anche sbarazzato di quello sciagurato. Due successi!

# Capitolo 82: Riposo dell'arto.

Un vero seduttore è molto logorato dal punto di vista fisico e deve, per la sua salute e per l'integrità stessa del suo arto, riposare.

Le persone normali cercano il sesso, ma non lo ottengono quasi mai e continuano a cercarlo. Anche il seduttore lo cerca. Ma, a differenza del primo, lo prende in modo così costante, intenso e frenetico, che il suo arto occupato è spesso dolorante e danneggiato.

Per questo motivo è necessario prendersi tre settimane di vacanza asessuata all'anno. Dove non si pratica il sesso e l'arto martoriato può riprendersi dalle molteplici ferite, strappi e lacerazioni che subisce nel suo viaggio annuale.

Il membro si riposa e il seduttore si riposa da tutto il trambusto. Se non si prende questa vacanza, si corre il rischio di morire di stanchezza o di infarto. Un uomo vuole fare sesso, ma un vero seduttore vuole far riposare il suo pene per un po'.

# Capitolo 83: La disponibilità di un'azienda non è più sufficiente.

Non c'è modo migliore per farsi apprezzare che limitare fortemente la propria disponibilità. Soprattutto dopo il successo. È indispensabile che sia difficile da vedere.

Un ragazzo che è uno stalker, che chiama senza sosta, che vuole incontrarsi, è la cosa più anti-seduttiva che ci sia. Al contrario, un ragazzo con molte cose da fare e che dà valore al suo tempo è il più attraente. Queste cose da fare possono essere reali o fittizie. Generalmente fittizio.

È una buona idea mascherare i numerosi appuntamenti con altre ragazze come lavoro. In questo modo vi vedranno come un ragazzo responsabile. Dirai che stai lavorando quando invece ti sei scopato un'altra persona. Lavoro, tanto lavoro. Tutti avranno un bell'aspetto e vi perdoneranno. -Che uomo responsabile, mi piace come padre dei miei figli - penseranno.

Se non siete occupati e potreste davvero vederla, trovate un lavoro e fatela aspettare.

Quindi più scopate e più siete in giro a frequentare ragazze, più ragazze non vedete, più loro vorranno vedervi. E un giorno, dopo aver scopato con una, la lasci e vai a scopare con un'altra, poi sei a casa a riposare e un'altra ti chiama, non hai mai fatto progressi con lei per mancanza di tempo e lei vuole vederti. Vi incontrerete con lei e lei sarà più che ricettiva e vi ritroverete a dormire con lei, anche se non ci contavate. Tutto per limitare la tua disponibilità e per essere un cazzone. Perché ricordate, più ne avete, più ne arrivano.

# Capitolo 84: Calibrare la propria maestria.

Per scoprire quanto siete abili, ho inventato un metodo.

Se qualcosa può essere misurato, può essere confrontato e migliorato. Il mio metodo si basa sui risultati, che sono quelli che contano, e non sulle qualità che possedete. Le materializzazioni contano.

Abbiamo quindi diversi parametri:

Numero di ragazze che hai baciato in totale. Parametro **ragazze.**

Il numero di ragazze con cui hai fatto sesso, il totale, lo chiamo **profondità**.

Una valutazione media della qualità delle ragazze che avete raccolto. Parametro **di qualità** da zero a dieci.

Un punteggio da 0 a 10 per quella che io chiamo dominanza. Vale a dire, quanto sono devoti, colpiti e innamorati, in altre parole, quanto tengono a voi. Parametro di **dominanza**.

**La formula è la seguente.**

(Ragazze + profondità x 3) x (qualità + competenza)/2 = Punteggio

**Spiegazione della formula.**

Il numero di ragazze con cui si fa sesso più il numero di ragazze con cui si fa sesso moltiplicato per tre (perché è quattro volte meglio fare sesso che baciare) *. Questo numero viene moltiplicato per la media ottenuta tra qualità e dominanza e si ottiene il punteggio totale del flirt.

Quindi il punteggio minimo per considerare qualcuno un flirt sarebbe di 1000 punti. Si tratta di più di 100 ragazze baciate, di cui circa 40 hanno avuto rapporti sessuali e con un punteggio superiore a 7 nella media qualità-dominanza. E così la scala si estenderebbe fino al livello di ciascuno. Il punteggio massimo stimato per alcuni di essi era di 12.000 punti. Può essere ancora più alto.

*(Anche quelle con cui facciamo sesso sono nel numero totale delle ragazze e vengono contate moltiplicate per tre, quindi 1+3= quattro volte).

Il potere che si vede quando qualcuno si esibisce è il potere della forma, di ciò che è stato fatto quell'anno. Il potere che dà prestigio e reputazione è quello che ho messo qui. Il potere accumulato in una vita.

Esempio.

Così e così.

Ha raccolto 114 ragazze

Profondità 41 ragazze

Qualità 7

Dominio 6

FORMULA (114+41X3) x (7+6)/2

Formula 237 x 6,5 = **913 punti**

# Capitolo 85: Il centenario.

Ogni flirt che si rispetti dovrebbe tenere un resoconto dettagliato dei suoi successi. Entrambe le ragazze baciate, così come le ragazze con cui fa sesso. Conti annuali e conti globali. In questo modo non dimenticheremo nulla e potremo confrontare alcuni anni con altri, vedendo se le nostre prestazioni salgono o scendono.

Cercate sempre sfide e motivi per festeggiare. È importante motivarsi e acquisire autostima raggiungendo ciascuno di essi.

I centenari sono grandi celebrazioni che vanno festeggiate in grande stile, come coronamento di un traguardo.

Il primo centenario da celebrare è quello **minore**. Quello delle ragazze baciate. Questo centenario vi fa quasi rientrare nella categoria dei flirt e questo è qualcosa da festeggiare. In seguito, verranno celebrati i centenari successivi, man mano che verranno raggiunti.

Il centenario stesso è il centenario delle ragazze che fanno sesso. Si tratta di una pietra miliare così importante da essere di per sé "**il centenario**". È alla portata di pochi. Naturalmente, se si riesce a fare più centenari, si festeggia in grande stile. Ho già festeggiato il mio con grande gioia e felicità, e continuo la mia ricerca di nuovi traguardi.

# Capitolo 86: Rompere
# per scopare.

C'è un momento della performance in cui si decolla. Di solito si verifica dopo una crisi o un periodo di basso livello. Questo momento cambia tutto e c'è un prima e un dopo. Sappiamo già che questo va a scatti. Questo momento è l'inizio della striscia positiva e non si può tornare indietro. Dopodiché, tutto fila liscio ed è molto difficile fermarsi. La striscia positiva può durare diversi anni consecutivi, anche un intero quinquennio.

Saprete di aver raggiunto quel momento perché, nel giro di un mese o poco più, sarete andati a letto con almeno due di loro, dopo un lungo periodo senza successo. E fai molto sesso con loro. È ora di lasciarsi e di scopare!

In questo modo inizierete ad avere molto più successo. Cambia la postura, l'atteggiamento, l'aspetto, la sicurezza. Le ragazze percepiscono queste cose, leggono bene il vostro linguaggio del corpo e voi le attrarrete molto di più, anche se non volete. Le ragazze vogliono persone di successo, non ragazzi tristi e problematici.

Più flirtate, più piacete a loro, più vi troveranno attraenti. Se vi vedono molto esperti, potrebbero pensare di essere loro a mettervi in carreggiata. Penseranno che avete un buon background e lo prenderanno.

È così che inizia la vita e dopo questa trance si appare sulla mappa dei tipi interessanti. Può accadere molte volte.

Una sera sono uscito con un amico e abbiamo incontrato un insegnante di alto livello. Il mio amico, senza conoscerlo affatto, gli si avvicinò e la prima cosa che disse di punto in bianco fu: "**Scopiamo!** - Bravo!

# Capitolo 87: Eliminare le zie senza esitazione.

Arriva il momento in cui una ragazza con cui hai una relazione ti crea grossi problemi. Si lamenta, è sgradevole, cancella un appuntamento o commette una grave infrazione. Forse ha ragione e ha davvero molto di cui lamentarsi. Ma è una gran rottura di scatole.

Queste ragazze lamentose sono quelle a cui piaci di più e che si preoccupano di più di te. Se non gli importasse di te, ti lascerebbero e basta. Vogliono continuare a tutti i costi, ecco perché si lamentano.

Se siamo in grado di risolvere il reclamo, lo teniamo se ne abbiamo voglia. Se non ci va, viene cancellato amichevolmente.

Se ciò che chiede è impossibile, o se è già stato discusso e accettato e ora vuole cambiarlo, e noi non siamo contenti di questo cambiamento, allora sarà eliminato con durezza.

Un tenerone cercherebbe di renderla felice dandole amore e affetto, riconoscendo che ha ragione e scusandosi. Quando tutto è sistemato, una simile denuncia è fuori discussione.

La cosa che si consiglia di fare in questo caso è di andarsene con freddezza e senza dare spiegazioni. Lasciatela lamentarsi da sola, piangere o fare quello che vuole. Duro e freddo. Non cedete alle sue suppliche.

Se ci tenessimo davvero, ci arrenderemmo e faremmo il loro gioco. Ma poiché siamo tenaci, anche se ci preoccupiamo e vogliamo il loro benessere, non ci arrendiamo. Ci dispiace per il dolore causato, ma siamo fermi nel dire no. Meglio perderla che cedere. Meglio perderla che cedere.

A volte è irritante sentire tante lamentele e drammi, e dobbiamo mantenere le buone maniere per ridurre al minimo i danni che causiamo.

Per questo motivo, si procede alla rimozione immediata.

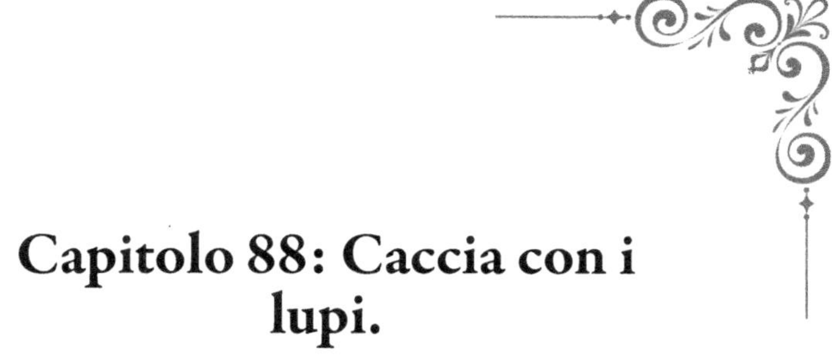

# Capitolo 88: Caccia con i lupi.

Quando si raggiunge un livello molto alto, si finisce praticamente per esaurire i possibili partner con cui andare a caccia. Perché nessuno è ad un livello sufficientemente alto. Quando si è soli perché non c'è nessuno al proprio livello, bisogna inventarsi un partner. Quello che non sapete è che c'è qualcuno al vostro livello. Ciò che accade è che non si ha contatto con quella persona, perché non si immagina questa associazione. E non è solo al vostro livello, ma a un livello molto più alto. Questa è la **lupa.**

Vale a dire, una ragazza molto sexy, bella e attraente, che si dedica al flirt ogni sera. Pregare, frequentare ragazzi, andare a letto con ragazzi, fare festa, uscire e divertirsi come se non ci fosse un domani. Oltre a essere un'esperta cacciatrice, questa ragazza ha una mentalità molto aperta e caccia ragazzi e ragazze in modo indistinto. C'è sempre almeno una di queste ragazze in ogni città. I loro CV sono esageratamente grandi, dell'ordine di diverse centinaia.

Dio li fa incontrare e loro si riuniscono. Un giorno incontrate questa donna e vi rendete conto che è come voi in una zia. Allora dovete essere intelligenti e, invece di cercare di rimorchiarla, proporre una collaborazione più redditizia. La collaborazione che ho chiamato **"La lupa e lo sciacallo".**

Quindi uscite con lei e la lupa aprirà il fuoco andando a caccia di pollastre, che è quello che ha accettato di fare. È molto facile per lei limonare con loro, anche se sono etero, perché seguono il suo esempio perché è un po' scioccante e divertente. Ben presto limona con alcune di loro e ne conosce altre. È la vostra occasione, perché la lupa continuerà a limonare con le persone per tutta la notte e queste ragazze un po' abbandonate sono facili prede per "**lo sciacallo**" che le finirà.

La lupa lavorerà per voi, riuscirà a conquistare molte ragazze, ve le presenterà e sarà più redditizio che se andaste da soli. Perché andando con questa bella ragazza, guadagnerete punti nelle sue valutazioni. Le ragazze in arrivo sono in modalità eroticamente ricettiva. Molti pensano che se l'ho fatto con lei, perché non con lui? Il partner della lupa ha uno status andando con lei. Non è necessario che la lupa lasci la stanza. Una volta iniziata la frenesia del bacio, anche loro possono scendere su di voi. E se rifiutano la lupa dicendo che le piacciono i ragazzi, cosa che accade anche in questo caso, la lupa ti promuove.

La lupa trae vantaggio dal fatto che si diverte con voi, la fate ridere e inoltre riceve informazioni e impara cose dallo sciacallo. La lupa con cui vado ha già 600 ragazzi e ragazze nel suo curriculum sessuale. Per quanto riguarda i baci, non ne parliamo nemmeno.

Quando si è un potente predatore, la migliore associazione è l'equivalente femminile. **"La lupa.**

E ricordate che avete sempre più meriti, per quanto siate dei lupi.

Hanno tutto gratis.

# Capitolo 89: Scopare con i gamberi.

A tutti noi piacciono quelli belli, ma la verità è che hanno molti svantaggi:

- Si piacciono e possono indebolirvi.
- Sono più difficili da ottenere.
- Di solito hanno un bel corpo, ma a volte non ce l'hanno e costano gli sforzi come se fossero sexy e non lo sono.
- Molti scopano solo regolarmente.
- C'è molta concorrenza.

Contro questo propongo di optare per quelli brutti e corposi, i cosiddetti gamberoni, di cui si mangia tutto tranne la testa, che è l'unica:

- Non si indeboliscono.
- Sono facilmente reperibili.
- Hanno un bel corpo e quando siete a letto lo compensano ampiamente.
- Avete meno concorrenza.
- Di solito valgono molto e sono sempre disponibili.

La cosa importante è il corpo, per una relazione seria tutto è importante. Ma per il seduttore incallito il corpo è sempre la cosa più importante.

In breve, non vi innamorerete mai di un gambero, ma vi appassionerete al sesso che vi offre, perché vi darà sesso fantastico, più frequente, di qualità superiore e con più attività che gli altri non fanno. Perché queste ragazze si sforzano di più, consapevoli della loro mancanza di bellezza, e cercano di compensare la loro bruttezza con il sesso.

E per lo scopo per cui sono necessari, sono perfetti per la funzione. Consiglio la posizione a quattro zampe, in modo da non vedere il suo viso e non avere sorprese.

Quindi trovate un buon gambero e siate leali con lei, spesso si rassegnerà a essere il secondo violino, la padrona, o che voi le prestiate poca attenzione e potrete tenerla per tutto il tempo che vorrete.

"A la rica gamba

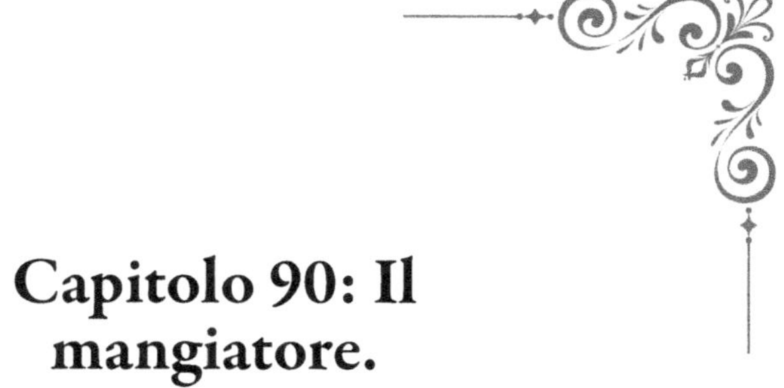

# Capitolo 90: Il mangiatore.

A tutti noi è capitato di sentirci dire che non mangiamo bene la figa. Almeno io lo sento. C'è sempre qualche babbeo che si mangia la loro fica magnificamente. E non siamo noi. E io dico questo.

Stronzate!

Trucchi di zie che vogliono che lo facciamo per loro, e vogliono anche che facciamo un grande sforzo perché c'è una presunta competizione e lo fanno molto bene.

Bene, allora. **Non siamo qui per servirli.** Inoltre, chi mangia molta figa, scopa poco o forse per niente, ed è per questo che si impegna tanto in questa attività.

Un mangiatore di figa è uno sciocco che si mette al loro servizio. Se mangiano, va bene anche questo, ma mangiarli e non farsi succhiare mi sembra pietoso.

Puoi farlo anche a ragazze molto belle, se vuoi, ma solo se viene da te, e solo in minima parte. Non lasciate che si abituino.

Il mangiatore di figa è uno stronzo di seconda categoria, servizievole, disposto a compiacere, che mangia qualsiasi figa, non importa quanto orribile, come una cosa ovvia, solo per compiacere.

Il mangiatore di figa si sforza di piacere, è disponibile e ha bisogno di approvazione. Un ragazzo con molti preliminari perché a letto ha poco da fare.

Un seduttore di livello non lo fa, solo se se lo guadagna, non come regola.

Se si lamentano che qualcun altro mangia molto bene la figa, tanto meglio, buon segno.

Non fate i mangiatori di figa al loro servizio.

Lasciate che facciano del loro meglio!

E se si stanno divertendo troppo, fermatevi o rallentate e lasciate che vi implorino di continuare ad andare forte.

Fate ciò che li infastidisce di più, non compiaceteli. Si domina.

Se vogliono un mangiatore di figa, che se ne trovino un altro!

# Capitolo 91: Saper vivere.

Jorge Martinez, il leader degli Illegals, l'ha detto quando ha cantato: "saper vivere è andare incontro alla morte felici e spensierati come se si stesse andando incontro alla morte di qualcun altro".

Lo penso anch'io, saper vivere è essere felici e spensierati, fare le cose che piacciono, divertirsi di più e lavorare di meno, essere felici anche se non ci sono grandi motivazioni. Quindi, per il vero seduttore, saper vivere significa sedurre ragazze calde e arrapate.

Quale piano migliore se non quello di prendere una ragazza sexy che avete rimorchiato e portarla in macchina ascoltando ottima musica in un posto fantastico? Ad esempio un fiume in mezzo alla natura. Nuotare nudi, mangiare, bere, scopare, ridere e passare la giornata tra orgasmi, risate e baci. Beh, costa solo la benzina e quello che si compra per mangiare. Un prezzo ridicolo di fronte a tanto piacere. Questo per me è saper vivere. Ma ognuno ha il suo modo di godere, ecco il mio e vi ringrazio per avermi ascoltato in questo libro. Vi lascio con il gran finale.

# Parte IX

# Il gran finale

# Capitolo 92: Inutile fuggire dalle donne.

Ci sono due certezze nella vita:
Le donne e la morte.

Solo l'uno salva dall'altro. Non importa quanto vi nascondiate, vi troveranno. Per quanto si cerchi di evitarli, entrambi appariranno.

**Donne.**

La donna ti prenderà per prima. È il predecessore della morte ed è più crudele e doloroso. L'impatto sarà devastante. Una donna attraente, bella, divertente e sexy apparirà e vi indebolirà in uno stato di infatuazione totale. Una donna che, sebbene non la si possa vedere, cavalca un cavallo alato dell'apocalisse. Porterà tuoni, fulmini, fuoco e dolore infinito. Vi formalizzerà, che vi piaccia o no. Che siate intelligenti o stupidi, prima o poi si farà vivo. E che si fotta tutto. Non è necessario sposarsi perché questo accada. Morte vivente, zombificazione, matrice, nulla.

In seguito potrete solo ricordare ciò che eravate, con la tristezza e il dolore di sapere che non siete più ciò che eravate. Non avrete il coraggio di staccarvi e se lo farete avrete perso molti, molti anni. In vita sarete morti. Quello che chiamano amore. Un amore che, sebbene mascherato da felicità iniziale, si trasformerà in routine e noia.

Finché stai con lei, sarai sminuito. Naturalmente potete uscirne, ma vi costerà. E se scappi, un altro verrà a prenderti. Non vi lasceranno finché non avranno reclamato la loro preda.

Evitando le donne, ignorandole, paradossalmente le attirerete ancora di più. E arriverà il momento in cui, tra tutte le donne proposte, qualcuna vi piacerà. È inevitabile. Meno li ignorate, meno volete formalizzare, più si offriranno a voi.

Essere seduttivi vi porta più vicino al vostro fine. Questo è il gioco. L'unica cosa che vi salverebbe sarebbe essere un orsacchiotto che si strugge per loro, ma anche se li spaventate comportandovi in questo modo poco attraente, uno di loro si presenterà per giustiziarvi.

Un mio amico è letteralmente scappato dalla ragazza che gli aveva chiesto di andare a letto con lei. Non ce la faceva più, ne aveva abbastanza di scopare. L'ho visto scappare. Pensi che questo l'abbia fermata? Lei continuava a seguirlo.

Vediamo, questa non è la fine. Ci sono grandi maestri che flirtano con l'amore e le relazioni serie per tutta la vita, senza mai rimanere intrappolati nella sua rete. Sfuggendo con determinazione e rosicchiando qua e là. Se siete un maestro, riuscirete a fuggire ancora e ancora, ma l'uomo comune rimane intrappolato.

Alla fine, se volete riprodurvi, che è l'unico scopo per cui siete nati, dovrete cedere almeno temporaneamente.

Le donne avevano bisogno che tu fossi presente per proteggere i bambini e lei, che fossi coinvolto nella relazione. E non posso fargliene una colpa perché è stato naturale.

L'uomo si è tagliato per spargere il suo seme e la donna lo ha trattenuto per garantire la sopravvivenza della specie. Una volta era così. Ora noi uomini siamo utili solo per la riproduzione per il piacere. Perché solo loro possono allevarlo e proteggerlo. Quindi non hanno bisogno di noi. Solo per divertirsi con noi.

Anche le donne soffrono quando hanno una relazione seria. Il fatto che io lo racconti dalla mia prospettiva non significa che non capisca l'altro. Non hanno bisogno di noi, né devono sopportarci. Sono più fredde e resistenti e possono rimanere per anni senza un partner maschile. Siamo noi uomini ad avere bisogno di una compagna beata. Quelli dipendenti al giorno d'oggi.

Quindi, siate felici di ottenere qualsiasi cosa, perché non hanno nemmeno bisogno di noi per la riproduzione, che possono fare in vitro. Potete avere un figlio in ritardo e lei lo crescerà benissimo senza di voi. Noi lurker veniamo rivalutati con questo e tutti i ragazzi formali fanno fatica.

**Morte.**

Se non riuscite a uscire da quella monotona e lunghissima relazione formale, se siete tristi e amareggiati, non preoccupatevi, la morte verrà a liberarvi. Sarà accolto come un amico, un liberatore e una benedizione. E se arriverà presto, tanto meglio, soffrirete meno.

Se non vi siete fatti prendere troppo la mano, la morte sarà la fine del divertimento.

Si può evitare tutto, tranne la morte e le donne.

# Capitolo 93: Il potere delle ragazze.

Alla fine dei vostri giorni vi renderete conto che tutto ciò che pensavate fossero le vostre conquiste e tutto ciò che consideravate i vostri grandi successi, non erano altro che piccoli trionfi. E che, in un modo o nell'altro, non avete fatto nulla di più di quello che vi hanno insinuato di fare. O scopando con loro o scappando da te. Hanno diretto tutto. E tu, che pensavi di essere il protagonista del film, non eri altro che un ragazzo gestito da loro. Non siete stati voi a scegliere di essere un seduttore, ma loro.

Hanno un potere inimmaginabile, circa 600 volte superiore a quello di un uomo normale. Potete avere al massimo un decimo della loro potenza.

Basta guardare il numero di messaggi che hanno su Internet e le infinite possibilità che hanno di essere brutti. Le belle donne sono come dee per gli uomini normali.

Perciò è un enorme merito fare ciò che si vuole fare e sfuggire alle lunghe relazioni in cui spesso ci si imbatte.

Ma il nostro più grande merito è quello di aver saputo indirizzare il nostro destino trasformandoci nel seduttore che desideravano. E così abbiamo soddisfatto i requisiti che desideravano per essere **i prescelti**. Quelle che vengono richieste incessantemente. Navigare nella corrente fino alla fine dei giorni.

# Capitolo 94: Alla fine dei giorni.

Quando tutto ciò che hai ti ha abbandonato, la tua bellezza, la tua salute, la tua attrattiva. E si diventa un vecchio che le ragazze non guardano più. Quando tutto è lontano e offuscato dal tempo. Penserete che sia stato tutto un sogno. Ma era reale.

Le donne giovani e belle ti hanno abbandonato molto tempo fa. Potete essere brutti all'esterno, ma la vostra essenza è ancora presente. Il vostro potere è intatto. Ascoltate questo.

I coetanei e i giovani in proporzione non vi lasceranno mai soli. Allora avrai ragazze molto più giovani di quelle che hai avuto, il tuo momento migliore.

Sarà un ottimo momento per sistemarsi e trovare una fidanzata fissa con cui riposare e non essere soli. Lei vi perdonerà tutti i vostri eccessi giovanili e così, sconfitti dal tempo e dalle ferite, potrete ritirarvi in modo ragionevole con una donna di 20 anni più giovane. Non passerete i vostri ultimi giorni da soli. In casa di riposo, all'età di 80 anni, è lì che andrete. Lì, ci si sistema. L'ultimo amore.

Se avete un po' di soldi, viaggiate in un altro Paese e finite i vostri giorni in compagnia di ragazze di 50 anni più giovani, che saranno felici di accompagnarvi in cambio di qualche regalo. Potreste sentirvi più soli di quanto non lo sia l'essere soli, ma... La scelta è vostra.

**Alla fine dei giorni**. Continuerete a trionfare.

Finalmente avrete la fidanzata che sognavate, quella che non vi lascerà mai. È magra, anziana e potente. Morte.

Per concludere, vi lascio la visione illuminata del libro e di me stesso, fatta da un filosofo, un saggio, un vero asceta. Un uomo che non spende, non esce, non ha un'auto, dei figli, una fidanzata o un cellulare. Legge, pensa e scrive soltanto. Un uomo incompreso per la profondità delle sue idee. Ci dà un ultimo tocco mitico. L'ho chiamato.

**"L'EPILOGO DELL'ASCETA ".**

Quando vivere sulle ali del piacere sessuale trova il suo apice, quando il sogno di ogni uomo di incarnarsi è la storia infinita, quando un'avventura di successo di quasi quarant'anni è la forza che sembra muovere la ruota dei giorni e delle notti.... Solo allora può prosperare un donnaiolo, in questo caso una rara avis di eccezionale rapacità tra gli stessi donnaioli, - quella specie in via di estinzione che troverà qui un amorevole conforto, un inno, un credo, un'approvazione, un sangue, una credenziale, un'epopea, un'aria, un'ispirazione, un sole dignitoso, un sorriso agostiza, un nervo indomito, una bandiera orgogliosa -: né più né meno di Don Giovanni!

A

Ecco, signori amanti del gioco amoroso come padrone dei cieli e degli inferni, donne che ammirano l'ardente vitalità virile, la mitomania di un grande tenorio moderno, la santità di un Henry Miller spagnolo, il creatore di fantasie libidinose di Bukowski! qui ci sono scorci, segreti e imprese molti dei Napoleone dell'avventura del corteggiamento, un maschio intorno a un fallo selvaggio di luciferiano schiamazzo orbitante devoto, un alfiere del ludismo notturno che non è ancora tornato dal banchetto saturnale, lo scoccare dell'ora del maschio che in ogni femmina conta la nuova capra appetitosa da portare nel suo giardino, il Cid della mascolinità all'antica che in ognuna di loro un'altra Babieca da cavalcare alla ricerca della conquista di più sfere di piacere, la verità antidiluviana del corteggiamento e del coito erompeva violentemente, la potenza testicolare senza complessi si rivelava e chiamava Dio la carne femminile, la carne che emanava sesso con disperazione astorica, il membro virile che chiedeva a gran voce sempre più fiori dove stabilire il suo impero peloso e caprino, tra seni o gonne di numero impossibile che puntavano alle porte solitarie dell'Eden.

Entrate e leggete, amici, l'ultimo eroe del godimento come schiettezza di ogni poro corporeo, senza alcuna dissimulazione confessata, vibrando in un accordo epicureo, gridando con l'audacia dell'istinto scatenato che è gloria la sua storia e la sua voce, auto-raccontandosi con grazia ribelle, vivendo visceralmente e verraco, raccontandosi con l'autenticità unica dell'istinto scatenato che è gloria la sua storia e la sua voce, gridando con l'audacia dell'istinto scatenato che è gloria della sua storia e della sua voce, autoritraendosi con grazia ribelle, vivendo in modo viscerale e verraco, raccontandosi con l'autenticità unica di un bambino non segnato, tuonando con la statura di un gigante irriverente.

Di fronte a tutto questo non possiamo che esclamare: olé olé e olé per questa impareggiabile agiografia dei suoi impareggiabili cojonazos, stiamo con noi, che il mondo si crogioli nella furia dei suoi vergajazos! E che quest'opera valga come un degno presentatore della stessa, come una preghiera all'estasi della corporeità liberata, come una stella guida dell'Oriente, come uno stimolante profeta che ci condurrà alla vittoria...

# Giochiamo!

# Don't miss out!

Visit the website below and you can sign up to receive emails whenever John Danen publishes a new book. There's no charge and no obligation.

https://books2read.com/r/B-A-FUKJ-CYBEC

Connecting independent readers to independent writers.

Did you love *Seduzione 5.0*? Then you should read *La Vita del Seduttore Affascinante e Spudorato*[1] by John Danen!

[2]

La vita del seduttore affascinante e spudorato è per me la migliore delle vite. Una vita libera da vincoli, che seduce e scorre al tuo ritmo. In questo libro ti racconto com'è questa vita e come puoi viverla anche tu, spiegandoti le tecniche di seduzione che utilizzo sia per flirtare che per portare a letto le ragazze. Analizzo interazioni reali e ti fornisco le chiavi del successo con le ragazze. È un libro per superare tutto questo e diventare un vero seduttore.

---

1. https://books2read.com/u/3kYx18

2. https://books2read.com/u/3kYx18

# Also by John Danen

Seduction 5.0
S.A.X.
Chicas complicadas
Seducción 5.0
El libro del tonto
Macho Alpha
Macho alpha extracto
La seducción después de la pandemia
Terriblemente atractivo
Seducción 5.1
Sedução 5.1
How to be Cool and Attractive
Sedução. Avançada. X.
Garotas complicadas
¡Basta de ser buen chico! Sé un chico malo.
El método JD. El método de seducción de John Danen
El arte de agradarte a ti mismo
¡Basta ya de abusos! ¡Defiéndete!
Enought with the abuse! Defend yourself!
Máster en seducción
Las mujeres. El amor. Y el sexo.
Supera la dependencia emocional
Atrae mujeres con masculinidad
JD Absoluta seducción
El fracaso del amor

Entender a las mujeres

La vida del seductor sinvergüenza y encantador.

El arte de la dureza

Terrivelmente atraente

Deixe de ser um bom da fita! Seja um mauzão.

Superar a dependência emocional

A arte de se agradar

Pare o abuso! Defenda-se!

O fracasso do amor.

O método JD

Overcome Emotional Dependency

Stop Being a Good Boy! Be a Bad Boy

Complicated girls

The Art of Pleasing Yourself

Duro y Sinvergüenza

Mestre en sedução

JD Method

The Failure of Love. The Trap of Serious Relationships

Master in Seduction

A. S. X. Advanced. Seduction. X

Women. Love. Sex

Alpha Male

Attract Women with Masculinity

JD Absolut Seductión

Understanding Women

The Life of the Shameless and Charming Seducer.

The Art of Toughness

Tough and Shameless

Überwindung der Emotionalen Abhängigkeit

Maître en séduction

Schrecklich Attraktiv

Surmonter la Dépendance Émotionnelle

L'art de la dureté

Die Kunst der Zähigkeit
Hör auf, ein guter Junge zu sein, sei ein böser Junge
Assez D'être un Bon Garçon ! Sois un Mauvais Garçon.
Die Kunst, sich Selbst zu Gefallen
Dur et sans Vergogne
Hart im Nehmen und Schamlos
L'art de se Plaire à soi-Même
Das Scheitern der Liebe
L'échec de L'amour.
Meister der Verführung
Die JD-Methode
Maestro di Seduzione
Terriblement Attrayant
La Méthode JD
Capire le donne
Compreendendo as Mulheres
Comprendre les Femmes
Die Frauen Verstehen
Les Filles Compliquées
Komplizierte Mädchen
JD Séduction Absolue
La Vie du Séducteur Charmant et sans Vergogne
Les Femmes. L'amour. Et le Sexe.
Mâle Alpha
S.A.X.
V.F.X.
Donne. Amore. E il sesso.
Ragazze Complicate
Superare la Dipendenza Emotiva
Seduzione. Avanzata. X.
Dark Seducción
Il Fallimento Dell'amore.
Il Metodo JD

Alphamännchen

Atrair Mulheres com Masculinidade

Attirare le donne con la Mascolinità

Attirer les Femmes par la Masculinité

Mit Männlichkeit Frauen Anziehen

Frauen. Liebe. Und Sex.

L'arte di Piacere a se Stessi

Mulheres. Amor. E Sexo.

JD Seduzione Assoluta

Перестань быть хорошим мальчиком! Будь плохим мальчиком.

JD Absolute Verführung

JD Sedução Absoluta

Das Leben des charmanten, schamlosen Verführers

Smettila di Fare il Bravo Ragazzo! Essere un Cattivo Ragazzo.

La Vita del Seduttore Affascinante e Spudorato

A Vida do Sedutor Encantador e sem Vergonha

Macho Alfa

Uomo Alfa

Séduction 5.0

Verführung 5.0

Seduzione 5.0

# About the Author

**Español.**

Soy un hombre vividor y divertido que busca el lado bueno de las cosas siempre.

Mi experiencia es el campo de las relaciones personales y de la seducción. Por eso tras dedicarme larguísimas décadas a ello, quiero trasmitir mis conocimientos. Para que las nuevas generaciones tengan unos conceptos que les den una ventaja competitiva sostenible y poderosa en el campo del amor.

Quiero ayudarte a a conseguir tus metas.

**Portugués.**

Sou um homem animado, e divertido, que sempre procura o lado bom das coisas.

Minha experiência está no campo das relações pessoais e da sedução. É por isso que, após décadas de dedicação a ela, quero transmitir meus conhecimentos.

Quero ajudá-los a alcançar seus objetivos.

**Inglés**

I am a lively and fun man, who always looks for the good side of things.

My experience is in the field of personal relationships and seduction. That is why, after decades of dedicating myself to it, I want to pass on my knowledge. So that the new generations have concepts that give them a sustainable and powerful competitive advantage in the field of love.

I want to help you achieve your goals

**Français** Je suis un homme vif et drôle qui cherche toujours le bon côté des choses.

Mon expérience se situe dans le domaine des relations personnelles et de la séduction. C'est pourquoi, après m'y être consacré pendant des décennies, je veux transmettre mes connaissances. Pour que les nouvelles générations disposent de concepts qui leur donnent un avantage concurrentiel durable et puissant dans le domaine de l'amour.

Je veux vous aider à atteindre vos objectifs.

www.ingramcontent.com/pod-product-compliance
Lightning Source LLC
Chambersburg PA
CBHW050330160726
48002CB00001B/257